W9-COY-464

MARY AND JOHN GRAY LIBRARY
LAMAR UNIVERSITY

Purchased
with the
Student Library Use Fee

HOUGHTON MIFFLIN
Celebremos
la
Literatura
PROGRAMA DE LECTURA

¡Celebremos la literatura!

Cover illustration by Denise and Fernando.

For Denise and Fernando illustrating a book is as natural and wonderful as playing a game. They have already illustrated almost thirty children's books and have won great acclaim in the United States and abroad, winning several important prizes. Their work always distinguishes itself by its simplicity and originality and also by its powerful images.

Acknowledgments appear on page 246.

Copyright © 1993 by Houghton Mifflin Company. All rights reserved.

No part of this work may be reproduced or transmitted in any form or by any means, electronic or mechanical, including photocopying and recording, or by any information storage or retrieval system without the prior written permission of the copyright owner, unless such copying is expressly permitted by federal copyright law. With the exception of nonprofit transcription in Braille, Houghton Mifflin is not authorized to grant permission for further uses of copyrighted selections reprinted in this text without the permission of their owners. Permission must be obtained from the individual copyright owners as identified herein. Address requests for permission to make copies of Houghton Mifflin material to School Permissions, Houghton Mifflin Company, One Beacon Street, Boston, MA 02108.

Printed in the U.S.A.

ISBN: 0-395-61636-0

23456789-VH-96 95 94 93

LTX
2-00-7
Vie

El viento canta

Autores/Authors
Rosalinda B. Barrera
Alan N. Crawford
Joan Sabrina Mims
Aurelia Dávila de Silva

**Autores de consulta/
Consulting Authors**
John J. Pikulski
J. David Cooper

**Asesores literarios/
Literature Consultants**
Ray Gonzalez
Cynthia Ventura

**Asesor lingüístico/
Linguistic Consultant**
Tino Villanueva

DISCARDED

HOUGHTON MIFFLIN COMPANY   BOSTON
Atlanta   Dallas   Geneva, Illinois   Palo Alto   Princeton   Toronto

LAMAR UNIVERSITY LIBRARY

3

¡Sorpresas!

TEMA 1
¿Qué hay detrás de la puerta?
A que no lo sabes.
No te demores, voltea la página
y allí encontrarás muchísimas...

¡Sorpresas!

Contenido

BETY Y SU RATÓN

escrito por Katya Caso y
Elena Climent
ilustrado por Elena Climent

Bety estaba enojada y triste,
y tenía razón en así sentirse,

pues al llegar de la escuela con ilusión,
no encontró a su muñeco el ratón.

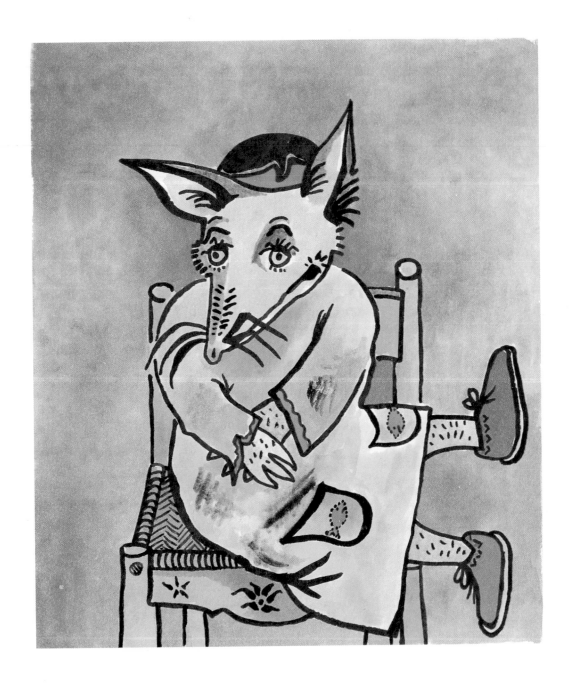

Es cierto que viejo y sucio estaba
y que tenía roto el camisón,
pero Bety lo quería
de alma y corazón.

¿Quién se lo llevaría?

¡Parecía magia su desaparición!

Aunque se tratara de un hechizo
siguió buscando en el patio y en
el cobertizo,

y hasta el sótano fue a dar,
si bien no tenía permiso.

Mas, ¡oh!, buscaba y buscaba y... nada
en ningún lugar lo hallaba.

Cuando se hizo tarde,
Bety se fue a acostar
sin siquiera acordarse de merendar.

¡Qué triste noche la luna lucía,
iluminando de plata la cuna vacía!
Y cuando por fin amaneció radiante
el nuevo día,

Bety despertó, ¡y fue inmensa su alegría!

Estaba ahí su ratón, en la orilla,
sentado feliz en una silla.

¡Sus manchas le habían quitado!
¡Su camisón estaba planchado!

¡Y hasta flamantes zapatos nuevos
alguien le había confeccionado!

—¿Quién fue? —le preguntó—;
¿Quién te llevó?
¿Quién tan limpio a mí te devolvió?

Nunca lo supo, fue siempre un secreto;
¡hay gentes buenas con los juguetes!

¿Quién fue?

Alguien arregló el
muñeco de Bety. Pero,
¿quién pudo haber sido?
Piénsalo bien.
Luego, ayuda a Bety
a escribir una carta para
darle las gracias
a esa persona.
Y, por cierto, no se te
olvide firmarla con el
nombre tuyo y
el de Bety.

Conoce a las autoras

Elena Climent

Elena Climent nació en la ciudad de México. Su papá era pintor. Ella nos dice: —He dibujado desde chiquita. Mis hermanas y yo dibujábamos todo lo que nos llamaba la atención.

A Elena Climent le gusta imaginarse un cuento. Luego le gusta soñar con la manera de hacer los dibujos. Ella se siente feliz cuando el cuento con sus dibujos se convierte en un libro especial para ti.

Katya Caso

Katya Caso nació y se crió en la ciudad de México, donde vive todavía. Dice que escribir y dibujar le da mucha alegría. También le gustan los deportes y los juegos. ¡Uno de sus pasatiempos es la gimnasia!

Garabato

escrito e ilustrado por Ivar Da Coll

La mañana es tan hermosa, tan limpia y alegre, que Eusebio decide pintar. Se acomoda los bigotes y fija un papel con cintas a una tabla. Coge los lápices, el borrador, el sacapuntas y se va.

¡Qué mañana más preciosa!

Eusebio no se cambia por nadie.

Al principio del bosque, Eusebio se sienta y va a trazar las primeras líneas cuando aparece Úrsula, alborotada y feliz.

—¿Y tú qué haces? —pregunta Úrsula.

—Quiero dibujar.

—¿Y qué tan bien lo haces?

—Como un maestro —dice Eusebio, parpadeando con humildad.

—Entonces dibuja un retrato mío —dice Úrsula—. Hoy me siento hermosa. Fíjate sobre todo en mi cresta, mi pico y mis ojos.

—Por favor, no te muevas.

—Seré una piedra hasta el final —promete Úrsula.

Úrsula posa sentada y quietecita junto al árbol y Eusebio, muy atento, se dedica a dibujarla.

Pero de repente Úrsula se alborota.

—Dejé un huevo cocinándose en la estufa —exclama—. Y si no voy volando se me puede quemar.

Úrsula se despide y Eusebio todavía no ha borrado las primeras líneas cuando llega Ananías.

—Pero, ¡qué bien dibujas! —dice Ananías.

—Como todo un maestro —dice Eusebio con humildad, y se rasca una oreja.

—Entonces dibuja un retrato mío —dice
Ananías—. Acabo de bañarme en la piscina y
me siento simpático. Sobre todo, fíjate en mi cuello
y mi pata derecha. ¿No te parecen graciosas?

—Tus deseos son órdenes, mi querido Ananías.
Por favor, no te muevas.

—Seré una estatua hasta el final —promete
Ananías.

Pero de repente Ananías se asusta.

—Dejé la llave del lavapatos abierta y se inundará la casa —dice—. Yo sé nadar, tú sabes, pero los muebles no. ¿Y qué voy a hacer con los muebles ahogados? Tú entiendes.

Ananías se despide y corre.

Eusebio comienza a borrar cuando aparece Eulalia, muy elegante y perfumada.

—¿Y tú qué haces? —pregunta Eulalia.

—Una obra maestra —dice Eusebio con humildad, y se rasca la otra oreja.

—Te voy a ayudar, amigo mío —dice Eulalia—. Dibuja un retrato mío, hoy que me siento tan dichosa. Fíjate en mis cuernos, mis orejas y mi cola. Con una modelo como yo, cualquiera hace una obra maestra.

—Tus deseos son órdenes, Eulalia de mi alma —dice Eusebio—. Por favor, no te muevas.

—No daré un suspiro hasta el final —promete Eulalia.

Pero de repente Eulalia se inquieta.

—¿Quedó cerrada o abierta? —se dice.

—¿Qué cosa?

—La puerta, amigo mío, no sé si al salir cerré bien —dice Eulalia—. ¿Y las ventanas? ¿Qué me dices de las ventanas? El viento se entra y me alborota la carta que le escribo a Camila. Ya casi termino de escribir la quinta página. Otro día seguimos.

Llega Camila y, al despedirse, Eulalia le cuenta que le enviará una carta de diez páginas y que por favor se la responda de inmediato.

—Es mejor que dibuje otra cosa: flores, árboles, nubes —dice Eusebio—. Pero no retratos.

—¿Tú haces retratos? —pregunta Camila—. Dibuja un retrato mío, acabo de bañarme los bigotes. Fíjate en mis bigotes y mi cola. ¿No te parecen hermosos?

—Por favor, no te muevas.

—Ni siquiera parpadearé —promete Camila.

Camila posa junto a la piedra. La mañana es deliciosa, suave y fresca, y Camila va cerrando los ojos hasta quedarse profundamente dormida.

Sueña con la carta de Eulalia, que la invita a comer dulces de leche, y se saborea.

—Camila, despierta, así no puedo dibujarte.

Pero Camila, tan ocupada en los dulces del sueño, no responde.

—No siempre se hace lo que se quiere —suspira Eusebio—. Voy a borrar todo esto y trataré de dibujar unas flores, unos árboles, unas nubes.

—Un momento —dice Horacio, que acaba de llegar—. Déjame ver.

—Sólo una obra maestra —dice Eusebio con humildad, rascándose las orejas.

—Es bastante gracioso —dice Horacio—. Pero sí que es bastante gracioso.

Horacio se muere de risa.

—Sabes que sí —dice Eusebio—. No lo había notado.

La risa de Horacio es tan fuerte que Camila despierta y se acerca. Úrsula, que ya preparó el huevo del desayuno, también se acerca. Y casi al instante, Ananías, que cerró la llave del lavapatos, y Eulalia, que aseguró puertas y ventanas. Todos se mueren de risa.

—Mi cresta es preciosa —dice Úrsula.

—No tanto como mi pata —dice Ananías.

—Lo mejor son mis cuernos —dice Eulalia.

—¿Y qué tal mi cola? —dice Camila.

—Éste es el mejor retrato, un hermoso garabato
—dice Eusebio, entre risa y risa.

—Una obra maestra —dicen todos.

—No lo puedo negar —dice Eusebio.
Y se rasca las humildes orejas.

No se cambia por nadie.

Había una vez un garabato

Ahora te toca a ti sorprender a tus compañeros.
¿Qué pasaría si el garabato que hizo Eusebio fuese
un animal verdadero? ¿Qué nombre tendría? ¿Cómo
crees que hablaría y caminaría? ¿Qué cosas haría?
Escribe un cuento en el que figure este garabato.
Comparte lo que escribas con tus compañeros.

Conoce al autor

Ivar Da Coll

El artista Ivar Da Coll dibuja y pinta personajes,
y también inventa cuentos sobre ellos. Empezó
a trabajar para el teatro y la televisión, pero ahora sus
personajes viven, sobre todo, en sus libros. Allí
Eusebio y otros personajes se sienten muy a gusto.

En su casa en Bogotá, Colombia, Ivar Da Coll
vive con su gata Sara. A ellos les gusta mucho
cocinar y oír música. Ivar Da Coll escucha música
no sólo cuando cocina, sino también cuando trabaja
y cuando habla por teléfono.

MÁS SORPRESAS PARA TI

¿Quieres jugar a las adivinanzas? Esta pista te ayudará a adivinar las respuestas: *Si aciertas, tendrás para cenar.* Si no aciertas, vuelve la página y los dibujos te darán las respuestas.

Oro parece,
plata no es.
El que lo acierte,
muy listo es.

Blanca por dentro,
verde por fuera.
Si quieres que te lo diga,
espera.

Fui a la plaza,
compré de ella.
Vine a mi casa,
y lloré con ella.

Ahí viene Pérez,
detrás anda Gil.
El primero va adelante,
y el otro viene atrás.

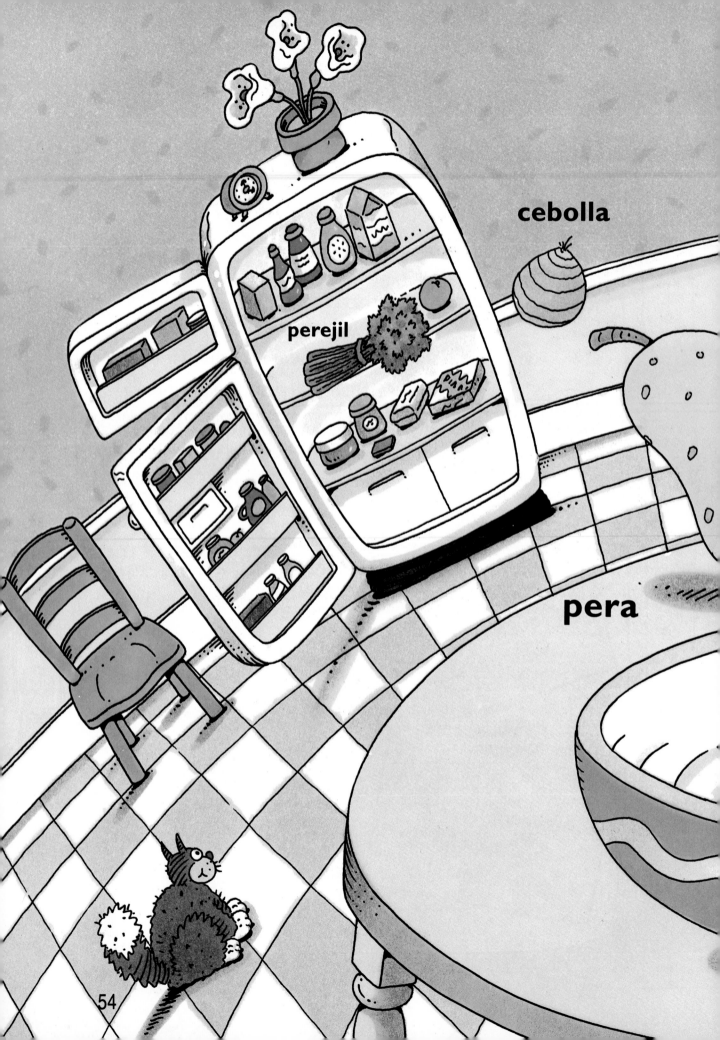

cebolla

perejil

pera

54

plátano

Un cuento

¡puajjj!

escrito por Laura Devetach
ilustrado por Denise y Fernando

*A los chicos que inventaron la palabra
más graciosa de este cuento*

Aquella mañana la tía
Sidonia se despertó, corrió
al baño a pasarse los dedos
mojados sobre los ojos y
cuando se miró al espejo,
dijo:

—¡Puajjj!

Después se lavó los
dientes moviendo mucho el
codo así y así y al terminar,
dijo:

—¡Puajjj!

Cuando se sentó
delante de su mate dulce
dijo:

—¡Puajjj!

Y la vaca Mumuñonga, que la estaba mirando por la ventana, comentó mientras rumiaba:

—¡Qué cosa! La tía Sidonia tiene ¡puajjj! Está completamente **espuajada**.

Y se fue a contárselo al gallito Quiquiripúm, que entonaba sus quiquiriquíes sobre el techo, para hacer salir el sol.

—¡Qué barbaridad! —dijo el gallito—. Una persona **espuajada** es peor que una persona con hipo, hay que sacárselo.

Mientras tanto, la tía Sidonia daba vueltas por el campito haciendo ¡puajjj! frente a todo lo que se le cruzaba: el maizal que agitaba sus hojas de cintas, el chanchito rosado que mamaba, las campanillas azules que zumbaban porque tenían una abeja de pensionista.

Y hasta cuando vio un grano de maíz amarillo, panzoncito y de nariz blanca, en lugar de decir ¡qué grano tan pupipu!, dijo ¡puajjj! Era el colmo.

Los animales empezaron a preocuparse porque el ¡puajjj! es tan contagioso como el bostezo.

—Hay que sacarle el ¡puaj! a tía Sidonia —dijo gallina Cocorilila.

Y empezó un verdadero congreso con todo animal que caminaba por el campito, para tratar el problema de una tía **espuajada**.

Los animales hablaron, consideraron, discutieron, pelearon y votaron.

¿Cómo votaron?

Metiendo cada uno una hojita en el nido de la gallina. Y todos ganaron, porque decidieron hacer lo mismo.

Cuando tía Sidonia llegó a su casa no entendió muy bien lo que pasaba. Encontró a todos los animales uno arriba del otro.

Claro que el pato estaba sobre la vaca y no al revés. Y el gorrión sobre la gallina y no al revés.

Tía Sidonia quedó un poco sorprendida y se acercó a los animales apilados. Mirándolos a todos con mirada panorámica les dijo:

—¡Puaaaj!

Y entonces gallina Cocorilila,
que estaba sobre el perro y debajo
del gorrión, contestó:

—**¡Guau guau!**

Y el perro Garufa
cacareó feliz, como si
hubiera puesto un huevo.

Y el gallo Quiquiripúm
dijo:

—**¡Muuu!**

Y la vaca Mumuñonga
cantó un **quiquiriquí**
como para hacer salir tres
soles.

Y el pato pió como el
gorrión Jorgelino.
Y el gorrión hizo un
cuac cuac finito, finito.

Tía Sidonia no podía creer lo que estaba oyendo.
Las cejas se le volaron un poco para arriba, revoleó
los ojos, abrió la boca, y sacudiendo la cabeza gritó:

—**¡Tururú!** ¿Qué es eso de
andar diciendo un grito por otro? ¡A ver, cada animal
con su grito!

Los animales se miraron de reojo, sonrieron como sonríen los animales, que a veces es con la cola, hamacaron de un suspiro el maizal y cada cual en su idioma dijo:

—**¡Puajjjjj!** ¡Hemos vuelto a la normalidad!

¿Qué pasaría si...?

¿Qué pasaría si al despertarte una mañana descubrieras que tienes "puajjj"? ¿Qué harían tus amigos y tu familia? ¿Cómo crees que tratarían de ayudarte? Prepara con un grupo de amigos una escena de teatro sobre lo que podría pasar. Representen la escena ante la clase.

Conoce a la autora

Laura Devetach

Laura Devetach vive en Buenos Aires, Argentina. Le gusta escribir cuentos para niños como tú. Muchas veces los niños le preguntan cómo escribe sus cuentos. Ella les dice que es como contar un sueño o algo que nos ha pasado, porque los sueños y los cuentos están dentro de nosotros.

Conoce a los artistas

Denise Fraifeld y Fernando Azevedo

Denise Fraifeld y Fernando Azevedo son de Brasil. Para ellos ilustrar libros es como jugar o conversar con imágenes, en lugar de con palabras. Aunque no habían planeado ser artistas, a ambos les encantaba dibujar cuando eran niños.

En el cuento que acabas de leer, los animales hicieron sonidos que no les correspondían para sacarle el puajjj a la tía Sidonia. Unos niños muy parecidos a ti escribieron las frases siguientes con los sonidos que hacen algunos objetos. ¡Imagínate qué sonidos harían estos objetos para sacarle el puajjj a la tía Sidonia!

El libro que hace bulla
por los estudiantes de Katherine Rawson

To To To To

los zapatos bailan.
por Ana Alvarado

Rumrum pip pip
llora el bus.
por Angélica García

El tren hace Tuu Tuu Tuu Tuu y cuando pita oigo que hace música.
por Milton Salazar

El serrucho corta palo y también corta árboles.
Rucurucu canta el serrucho.
por Victor Blanco

Clic Cloc Clic Cloc hace bulla el reloj.
por Nancy Calderon

El martillo salta y hace **PPPP llll aaaa cccc**. Canta el martillo cuando clava los clavos.
por José Conde

¿Qué sorpresas hay detrás de estas puertas?

La tortilla corredora
por Cecilia Beuchat y Mabel Condemarín

La doña de la casa se pasa el día cocinando. Pero parece que no va a poder servir la comida porque, de repente, la tortilla que está preparando, ¡se escapa!

Rosaura en bicicleta
por Daniel Barbot

Alguien está corriendo en bicicleta por el pueblo. ¿Será una niña? ¿Será un niño? No, ¡es Rosaura, la gallina corredora!

Pájaros en la cabeza

por Laura Fernández

Una mañana, unos pajaritos visitan el cuarto de una niña. ¿Dónde harán su nido? ¡Nada más y nada menos que en la cabeza de la niña!

Cuento de un cocodrilo

por José Aruego y Ariane Dewey

¡Socorro! ¡Juan se encuentra con un cocodrilo que tiene HAMBRE! ¿Quién lo ayudará?

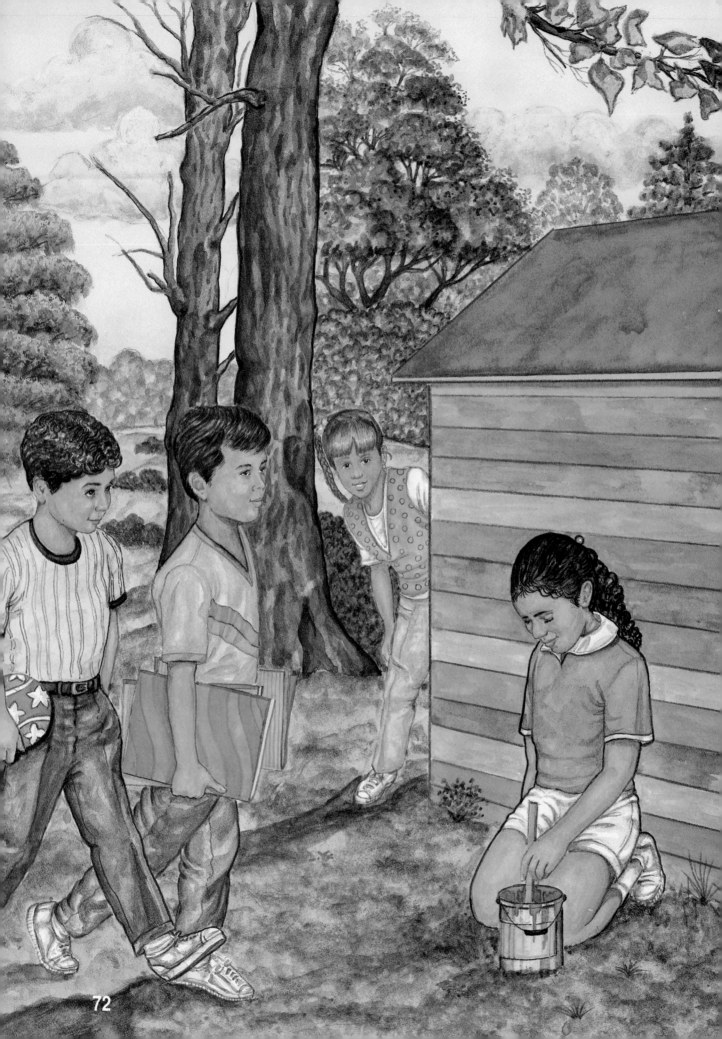

Bienvenidos al club de amigos, donde conocerán a Quique y Tomy, a Pulín y Miga y a María y Mandy. Todos ellos saben lo que es tener buenos amigos. Y ahora les invitan a este club especial para que ustedes lo sepan también.

Reglas del club:
1. Todo el mundo puede ser amigo.
2. Los amigos siguen siendo amigos aunque uno de ellos se mude.
3. Los amigos siempre comparten todo.

Contenido

QUIQUE DICE ADIÓS

escrito e ilustrado por Bernard Waber

Tomy, mi
mejor amigo,
se iba a mudar.
Mi hermana fue
la primera en
darme la noticia.
Me la dio
de esta manera:
—¡Quiiique!
—me dijo.

—¿Qué? —le dije.

—¡A que no sabes
la sorpresa que te tengo!

(En seguida me di
cuenta de que la sorpresa
no sería nada agradable.)

—¿Qué es? —le dije.

—Lo que acabo
de oír.

(En seguida me di
cuenta de que no debía
hacerle más preguntas.)

—¿Qué fue lo que
oíste? —le dije.

—¡A que no adivinas!
—dijo mi hermana.

—¡ADIÓS! —le dije.

—¡Espera! —me dijo—.
Alguien va a hacer algo.

—¿Qué va a hacer?
—le dije.

—Lo va a hacer muy
pronto.

—¿Qué cosa? —le dije.

—¡Algo!

—¡ADIÓS! —le dije.

—¡Espera! —me dijo—.
Se va a mudar.

—¿Alguien se va a mudar?
—le dije.

—En dos semanas.

—¿Quién? —le dije.

—¿No vas a tratar de adivinar?

—¿Quiéééééén? —le dije.

—¿No vas a tratar ni un poquitito?

—¡ADIÓS! —le dije.

—¡Espera! —me
dijo—. ¡Es Tomy!

—¿Cómo? —le dije.

—Tu mejor amigo.

—¿Se va a mudar?

—Sí, y lejos —me dijo—. Bien,
pero bien lejos. ¡Ah! Qué rabia
me daría si mi mejor amiga se fuera a
mudar lejos de aquí. ¿Qué vas a hacer cuando
tu mejor amigo en el mundo entero se mude lejos
de aquí? ¿Qué vas a hacer? ¿Aaaaaa?

—No te lo creo
—le dije.

—Mejor es que lo
creas —me dijo.

Entré corriendo
a casa.

—Es cierto —me dijo mi mamá.

—Ya veníamos a avisarte —me dijo mi papá.

—Lo supimos sólo hace unos minutos —me dijo mi mamá.

—Eso no quiere decir que ya no volverás a ver a Tomy —me dijo mi papá—. El Valle queda solamente a una hora de aquí en auto.

—¿El Valle? —le dije.

—Tomy se va a mudar a El Valle —me dijo mi mamá.

—Además, le podrás hablar por teléfono —me dijo mi papá.

—Hablar por teléfono no es lo mismo —les dije.

—Ya lo sé —me dijo mi mamá.

—Ya lo sé —me dijo mi papá.

¡Tomy se iba a mudar! No lo podía creer. Tomy
era el mejor amigo que había tenido en mi vida.

Teníamos una casita en un árbol. Y teníamos
un lugar especial para escondernos que sólo nosotros
conocíamos porque era bien secreto.

81

También teníamos nuestro espectáculo de magia:
Tomy el Maravilloso y Quique el Fantástico. Todos
venían a vernos.

Teníamos nuestro propio
club: Los Delfines. Sólo éramos
dos: él y yo. Era un buen
comienzo.

Yo iba a todas sus fiestas de
cumpleaños y él a las mías.

Juntábamos nuestras tarjetas
de béisbol para hacer una pila
más grande.

Cuando Tomy se iba de vacaciones, yo cuidaba a su perro Bruno.

Y él cuidaba a mi gata Priscila cuando yo no estaba.

Y cuando Tomy estuvo enfermo en el hospital, yo le envié una tarjeta para que se sintiera mejor. Yo mismo la hice.

Y cuando yo fui a visitar a mis abuelos en Oregon, Tomy me envió una tarjeta para contarme lo aburrido que estaba.

Hasta pusimos nuestras tortugas en el
mismo tanque para que se hicieran amigas como
nosotros. Mi tortuga se llama Félix. La de
él se llama Óscar.

Entonces fui a ver a Tomy.
Quería decirle lo triste que me
puse cuando supe que se iba a mudar.
Cuando lo encontré, los dos
comenzamos a hablar al mismo
tiempo.

—Te vas a mudar —le dije.

—Nos vamos a mudar
—me dijo.

—A El Valle —le dije.

—A El Valle —me dijo.
Y luego me dijo—: Mi papá
tiene un trabajo nuevo.

—En El Valle —le dije.

Tomy suspiró. Yo también suspiré.

—Nos podemos hablar por teléfono —le dije.

—No es lo mismo —me dijo Tomy.

—Ya lo sé —le dije.

Pero al día siguiente, Tomy me sorprendió
mucho. No era el mismo Tomy del día anterior.

—¡Es una lástima! —le dije.

—¡Es fantástico! —me dijo.

Miré a Tomy.

—¿*Fantástico*, dijiste?

—Sí —contestó Tomy.

—¿*Sí*, dijiste? —le pregunté.

—Sí —me dijo Tomy.

No lo podía creer. Entonces le dije a Tomy:
—Oye, cuando tú dices que *sí*, como me
acabas de decir, tú no quieres decir *sí* porque
estás contento de que te vas a mudar, ¿verdad?

—Sí —me dijo Tomy.

Tomy comenzó a explicármelo: —El Valle va a ser fantástico —me dijo—. ¡Fantástico de veras! Anoche mi papá me contó muchas cosas sobre El Valle. La gente no hace más que divertirse. Mira, en El Valle hay un lugar donde tienen un tiburón bien grande y bien bravo. Todos los días hay gente que va a ese lugar para que el tiburón la asuste. Porque tan pronto el tiburón ve llegar a la gente, muestra los dientes y se pone a resoplar.

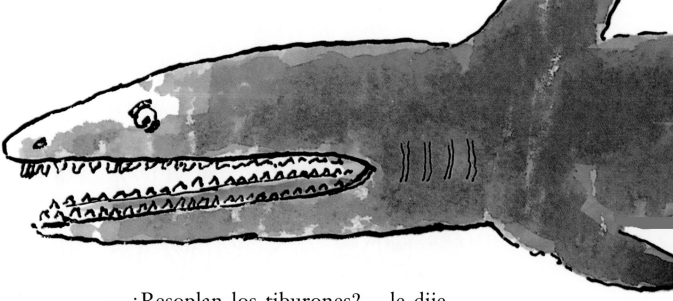

—¿Resoplan los tiburones? —le dije.

—Bueno, este tiburón sí resopla —me dijo Tomy—. Y no sólo eso, sino que también hace muecas feas para que la gente se asuste. Es lo que más le gusta hacer: abrir la boca y mostrar un montón de dientes para asustar a la gente. Fantástico, ¿no te parece?

—¿Y sabes qué más hay en El Valle? —me dijo
Tomy—. Hay un parque con juegos y una montaña
rusa. La gente no hace más que pasarse todo el día
en ese parque, jugando y gritando como
loca. Y los sábados por la
noche van a ver fuegos
artificiales. Fantástico,
¿no te parece?

—¿Quieres que te cuente qué más hay en El Valle?
—me dijo Tomy—. Hay una laguna llena de cisnes y de
patos. También hay cisnecitos y patitos bebés. Y
cuando tú caminas por la orilla, todos se te acercan
nadando bien rápido para pedirte de comer.
Fantástico, ¿no te parece?

—Y la gente de El Valle es muy amable —me
dijo Tomy—. No hacen más que sonreír todo el día.
Sonríen y sonríen. Nunca se cansan de sonreír.
Y no importa las veces que te vean, siempre te dan un
gran saludo. Aunque se encuentren contigo doscientas
veces durante el día, siempre te saludan de nuevo.
Fantástico, ¿no te parece?

—La gente de aquí
es amable —le dije—.
¡Algunos hasta son tus
mejores amigos!

Pero Tomy no me
hizo caso. Siguió
hablando sobre El Valle
como si nunca hubiera
oído hablar de
mejores amigos.

—Ah, casi se me olvida contarte lo mejor —me
dijo Tomy—. La parte sobre mi tío Esteban. Él
juega al fútbol con los Tigres de El Valle, ¿sabes?
Yo lo iré a ver todos los días. Y él me va a enseñar
a patear la pelota y a hacer pases, para que cuando
yo sea grande pueda jugar también para los Tigres.
Fantástico, ¿no te parece?

Tomy me miró y me dijo otra vez: —¿No te
parece fantástico?

—Sí —le dije.

Tomy venía todos los días con más cuentos sobre
El Valle. Ya parecía que no le interesaba más jugar
como antes. Ni ir a la casita en el árbol ni dar el
espectáculo de magia. Hasta fue a nuestro lugar
secreto para llevarse su capa,
su sombrero de copa
y su varita mágica.
Al mismo tiempo,
se llevó sus tarjetas
de béisbol. Era
como si ya se
hubiera mudado.

Un día, Tomy vino para llevarse a Óscar, su
tortuga. Era mi turno de tener el tanque en mi casa.
—Pero si Félix y Óscar son amigos —le dije—.
¡Están acostumbrados a vivir juntos!

—No son más que tortugas —me dijo Tomy.

—Las tortugas también sienten —le dije—. Y, ¿quién puede explicarle a una tortuga que su amigo ya no vuelve más?

—¡Bah! —me dijo Tomy—. A las tortugas no les molesta nada.

—¡Claro que sí! —le dije—. Hay cosas que les molestan mucho. Se ponen tristes cuando se quedan solas. Especialmente si un amigo se muda a otro lugar. Entonces sufren.

—¡No digas tonterías! —me dijo Tomy—. Las tortugas no sufren.

—Sí, sufren —le dije—. Todo el mundo lo sabe. No comen. Se enferman. Hasta se mueren. ¿Es eso lo que tú quieres, Tomy?

—¡Qué va! No se mueren —me dijo Tomy—.
No se mueren por perder a un amigo.

—¡Claro que sí! —le dije—. Eso lo sabe
cualquiera que sepa algo de tortugas. Cualquiera
que no sea bobo.

—Me voy a llevar a Óscar —me dijo Tomy.

—Entonces, llévate a Félix también —le dije.

Tomy me miró y dijo: —¿De veras?

—Sí —le dije.

Y eso fue lo que pasó. Tomy se llevó a Óscar
y a Félix.

Quizás no debí llamarlo bobo. Pero Tomy me
vuelve loco a veces. De veras que me vuelve loco.
Como cuando lo llamo por teléfono y le digo, "¿Qué
estás haciendo?", y él siempre me dice, "Estoy
hablando contigo", como si yo no lo supiera. No sé
cuántas veces me ha hecho esa jugada.

¿Y sabes otra cosa? Cuando Tomy está comiendo, siempre se echa a reír con la boca abierta y llena de comida a medio masticar. Eso no lo aguanto de él.

Y a Tomy no le importan nada los amigos. De veras, no le importan. A él no le importa un pepino que Félix y Óscar se sienten solos si los separamos.

¿Y quieres que te diga otra cosa? Espero que otro chico se mude pronto a la antigua casa de Tomy; un chico nuevo que sea mi mejor amigo; un chico nuevo que no me hable todo el tiempo de su tío, el jugador de fútbol.

¿Y quieres que te diga algo más? Quiero que Tomy se mude de una vez.

Y otra cosa: El día que Tomy se mude voy a estar tan contento que me voy a poner a bailar.

No tuve que esperar mucho. Un día, un camión grandotote se estacionó frente a la casa de Tomy. Unos hombres sacaron todas las cosas de la casa y las metieron en el camión.

Cuando la casa quedó vacía, Tomy y sus padres salieron.

Tomy llevaba en brazos el tanque con Félix y Óscar. Mis padres y mi hermana salieron también. Todos se abrazaron y se dijeron adiós. Todos menos Tomy y yo.

—Bueno, ¿y ustedes dos no se van a decir adiós? —dijo la mamá de Tomy.

De pronto, Tomy rompió a llorar. Lloró y lloró sin parar. Nadie lo podía consolar.

—Tomy ha sufrido mucho por esta mudanza —dijo su papá.

Cuando Tomy por fin dejó de llorar, me entregó el tanque y me dijo:
—Toma, Quique.

—¿Vas a regalarme a Félix y a Óscar? —le dije.

—Sí —me dijo Tomy.

Me quedé sorprendido.

Metí la mano en el bolsillo donde tenía mis tarjetas de béisbol. Saqué la tarjeta que Tomy siempre había querido y se la di.

—¿Vas a regalarme tu tarjeta preferida? —me dijo Tomy.

—Sí —le dije.

Esta vez fue Tomy el que se sorprendió.

Tomy y sus padres se fueron. Les dijimos adiós con la mano mientras se alejaban. Cuando el auto se perdió de vista, nos miramos con tristeza.

—Para esta tristeza sólo hay un remedio —dijo Mamá.

—¿Cuál es? —le dije.

—Un bizcocho —dijo Mamá.

—Excelente idea —dijo Papá.

—¿Qué clase de bizcocho? —dijo mi hermana.

—¿Qué tal un bizcocho con crema? —dijo Mamá.

Y eso hicimos el día que Tomy se mudó.

Horneamos un bizcocho.

Esa noche, sonó el teléfono.

—Quique, es para ti —me dijo mi papá.

Era Tomy el que llamaba.

—¿Qué estás haciendo? —me dijo.

—Estoy hablando contigo —le dije.

—No seas payaso —me dijo Tomy.

—Estoy comiendo un pedazo de bizcocho —le dije.

—Oye, ¿te gustaría venir a visitarme este fin de semana? Mi papá y yo podemos pasar a buscarte.

—¡Que si me gustaría...! —le dije—. Y tu tío Esteban, ¿va a estar allí también?

—Sí —me dijo Tomy.

—¡Fantástico! —le dije—. ¡Ya está, voy para allá!

—Un momentito —dijo Tomy—. Mi mamá le quiere preguntar a tu mamá si está bien que nos vengas a visitar.

Mi mamá tomó el teléfono.

—Dile que sí —le dije bien bajito.

—Sí..., mejor dicho, ¡hola!
¿Qué tal, Elena?

Elena es la mamá de Tomy.

—¿Cómo va todo? —dijo mi mamá.

—Dile que sí —le dije suavecito.

Mi mamá dijo: —Sí. —Luego
dijo *sí* varias veces más. Al final dijo—:
Sí. Sí, sí, sí.

Y yo decía *sí, sí, sí* con la cabeza.
Mamá dijo: —¡Qué lindo será!

Yo sabía lo que *lindo* quería decir.

—Será muy lindo —dije bajito.

—¿Y estás segura de que no será
una molestia? —dijo mi mamá.

¡Ninguna!, dije yo con la cabeza.

—El sábado... de acuerdo. —Mi
mamá sonreía mientras yo me abrazaba a
mí mismo—. Yo sé que se va a poner
muy contento —dijo mi mamá.

Mi mamá colgó el teléfono.

—¡A que no adivinas! —me dijo.

—¡Estoy invitado a la casa de Tomy! —grité mientras subía corriendo a mi cuarto.

—Quique, ¿adónde vas tan de prisa? —me dijo mi papá.

—¡A hacer mi maleta! —le dije.

—Pero si la invitación es para el sábado —me dijo mi mamá—. Tienes dos días completos para hacer tu maleta.

—Sí, mamá, pero es que no quiero llegar tarde.

Eso me pasó a mí

Hasta los mejores amigos pueden tener problemas. Quique tenía un problema porque su mejor amigo se iba a mudar. Escribe unas frases sobre un problema que hayas tenido con un amigo o una amiga. Y no se te olvide contar cómo lo resolvieron.

Conoce al autor

Bernard Waber

Bernard Waber comenzó a escribir libros para niños cuando sus propios hijos todavía eran chicos. Cuando se puso a escribir cuentos sobre un cocodrilo, sus amigos comenzaron a regalarle cosas en forma de cocodrilo. ¡Su casa se llenó en seguida de cocodrilos! Otro personaje que aparece en sus libros es un oso hormiguero llamado Arturo. A lo mejor ya conoces al famoso Arturo.

A veces es difícil
compartir. Quique y Tomy
compartieron sus tortugas
y sus tarjetas de béisbol,
aunque les costó trabajo
hacerlo. En este cuento,
escrito por un niño como
tú, dos amigos quieren
compartir un pedazo
de piña, pero se dan
cuenta que hacer las
cosas bien no es tan fácil.

LA PIÑA de PEPE

escrito por Cristián Cabrera

Pepe tenía hambre cuando llegó de la escuela. Vio tres pedazos redondos y jugosos de piña. Pepe iba a coger un pedazo cuando oyó que alguien tocaba la puerta. Pepe abrió la puerta y entró Paco. Paco vio la piña en la mesa y se le hizo agua la boca. Pepe le dio un pedazo a Paco y él se comió otro. Paco y Pepe terminaron al mismo tiempo. Los dos miraron el último pedazo. Decidieron cortarlo en dos.

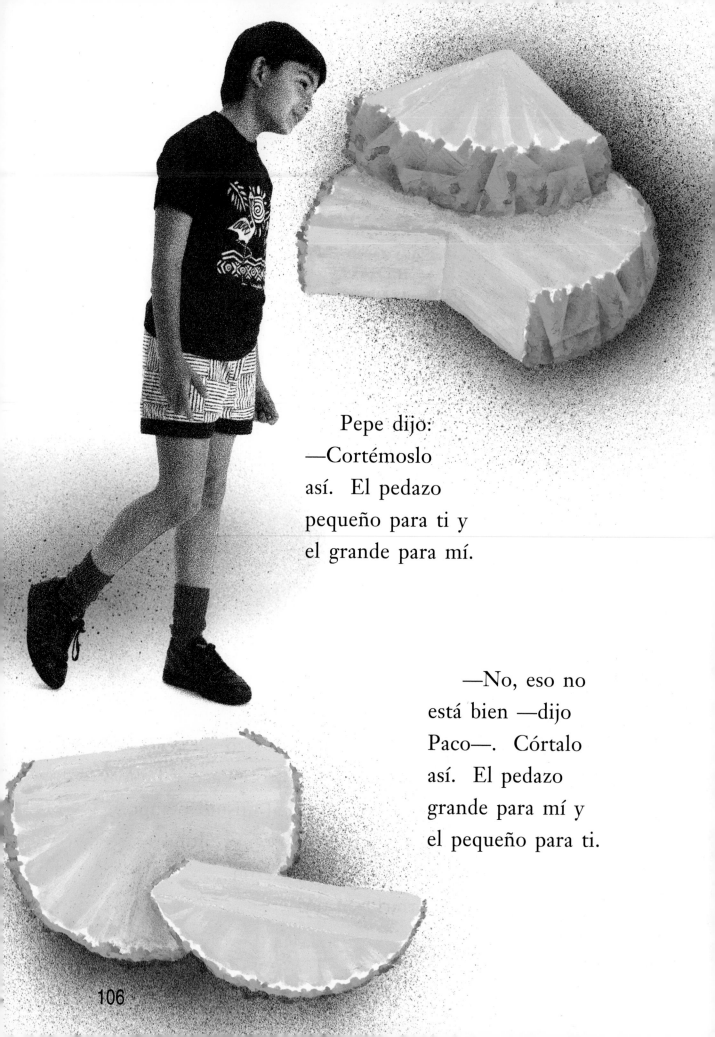

Pepe dijo:
—Cortémoslo
así. El pedazo
pequeño para ti y
el grande para mí.

—No, eso no
está bien —dijo
Paco—. Córtalo
así. El pedazo
grande para mí y
el pequeño para ti.

—No, así
—dijo Pepe—. El
grande para mí y
el pequeño para ti.

—No, así
tampoco está bien
—dijo Paco—.
Así. El grande
para mí y el
pequeño para ti.

Ninguna de estas maneras estaba bien. Un pedazo era siempre más pequeño que el otro. Los dos querían los pedazos grandes.

—Tenemos que cortarlo por la mitad —dijo Paco.

Así, los dos pedazos quedaban del mismo tamaño. Cada uno tendría lo mismo. Estaban a punto de cortarlo cuando entró Juan y les pidió un pedazo.

—No hay para ti, porque sólo hay dos pedazos —dijo Pepe.

Pero Juan era más listo que Pepe y Paco.

—Córtalo en tercios y así podemos tener tres pedazos iguales. Ahora, ¡a comer! —dijo Juan.

Juan cortó la piña y todos comieron felices sabiendo que todos tenían lo mismo.

Pulín y Miga

escrito por Sabine R. Ulibarrí
ilustrado por Darius Detwiler

Primero una, luego otra. Después muchas, una tras
otra. Era el fin del verano y las hojas de los árboles
estaban cayendo. Amarillas, rojas, anaranjadas.
Flojas, lentas, traviesas. El viento canta. La tierra
sueña. En el aire hay un algo de frío. Es el otoño
y el invierno está llamando a la puerta.

Por todos los caminitos escondidos del campo,
caminos que nadie ve pero que están allí, las hormigas
están en marcha. Hay que almacenar comida para
el invierno. Hay que llenar las despensas antes de
que llegue la nieve. Hay que pensar en el hogar
caliente y cariñoso y la mesa llena durante los
largos meses del invierno.

¡Cómo trabajaban esas hormigas! Mañana y tarde.
Todos los días. Trabajaban hasta los domingos. En
el mundo de las hormigas no se descansa los
domingos. Se descansa los inviernos. Nadie sabe
si van a la iglesia o no.

La hormiga más activa de todas, la más
trabajadora, era Miga. Subía y bajaba las lomas del
camino. Un grano de trigo pesa una tonelada. Un
grano de maíz pesa dos. ¡Pero allá por febrero qué
sabrosos son! Y un piñón es una bendición. Grano
tras grano, piñón tras piñón, migaja tras migaja, hoja
tras hoja, se iban llenando las trojes.

Miga estaba cansada. Miga sudaba subiendo la
loma. Miga trastabillaba con la carga que llevaba
encima. Pero no descansaba. Era muy trabajadora.

A lo largo del camino siempre se veía a Pulín sentado a la sombra de un árbol. Siempre comiendo. Siempre cantando. Pulín nunca trabajaba. Pulín era un chapulín muy alegre. Vivía para comer y cantar. Era muy buena persona. Miga lo quería mucho. Él la quería a ella también.

Llevaba gafas negras, sombrero de paja y traje deportivo. Era verdaderamente elegante, el tío.

Todos los días se le veía sentado debajo de un árbol comiendo hojas verdes y tomando Coca-Cola. Cantaba todo el día, acompañándose él mismo con la guitarra. Ésta era su canción favorita:

Canto mi canto
al cielo.
Canto mi canto
al viento.
Cica, cica, cica.
Canto mi canto
al árbol.
Canto mi canto
a la flor.
Cica, cica, cica.
Canto mi canto
a las hojas.
Canto mi canto
a las rosas.
Cica, cica, cica.

Era muy buen cantor, y a Miga le gustaba oír su canción. Le ayudaba a soportar la carga que llevaba.

Un día Pulín detuvo a Miga en el camino.

Pulín: Buenos días, amiga Miga.

Miga: Buenos días, amigo Pulín.

Pulín: Ven a cantar una canción conmigo.

Miga: No tengo tiempo, Pulín. Tengo que trabajar. El invierno está cerca. Además yo no sé cantar.

Pulín: Yo te enseño a cantar. Yo te enseño a divertirte.

Miga: No puedo, Pulín. Lo siento.

Miga siguió con su carga. Pulín se quedó cantando. Así pasó el otoño. Vino el invierno. Vino el frío. Cayó la primera nieve. Ya no había hormigas en el campo. Ya no se oía el canto de Pulín. Todo el mundo estaba blanco, quieto y silencioso.

Miga estaba feliz en su casa con sus hermanas. La casa estaba llena de actividad. Parece que las hormigas nunca dejan de trabajar. Unas estaban cocinando, otras limpiando la casa, otras lavando y planchando.

Alguien llama a la puerta. Miga abre la puerta.
¡Qué sorpresa! Era Pulín. No parecía el mismo.
Estaba viejo, flaco y triste. Tenía los pies envueltos
en trapos. Llevaba una muleta. Estaba temblando de
frío. Habló con una voz trémula y suplicante.

Pulín: Amiga Miga, amiga mía…

Miga: ¿Qué te pasa, amigo Pulín?

Pulín: Me estoy muriendo de hambre. Me estoy muriendo de frío. Estoy muy enfermo.

Miga: ¿Por qué no te vas a tu casa y te cuidas?

Pulín: Porque no tengo casa. No tengo familia. Tú eres la única amiga que tengo.

Miga: Entra, amigo Pulín, entra.

Pulín entró poco a poquito. Estaba muy cojo. Tenía los pies helados.

Se quedó maravillado. Nunca había visto una casa tan cómoda y tan bonita. Había un alegre fuego en la chimenea. Los muebles eran nuevos y finos. Había hermosos cuadros en las paredes. Lo que más le gustó fueron los olores divinos que salían de la cocina.

Todas las hormigas se pusieron a su servicio. Primero le pusieron la mesa. Le dieron un caldo oloroso, caliente y sabroso y otros platos propios de un rey. Después le dieron ropa limpia. Le curaron los pies. Le dieron su propia habitación con una cama blanda con sábanas blancas.

Con todo este cuidado cariñoso Pulín se repuso pronto. Dentro de poco se sintió tan alegre y gracioso como antes.

Se puso a enseñarles a las hormigas a cantar. Les enseñó muchas canciones. Todas tenían el refrán, "Cica, cica, cica". Era algo que ver: Pulín sentado al piano y las hormigas cantando como si fueran ángeles del cielo. Después risas y chistes. Pulín había transformado el mundo triste de las hormigas en un mundo de alegría. Él de veras estaba en el cielo.

Las hormigas también le enseñaron a Pulín algo. Le enseñaron a trabajar. Cada día le enseñaban una nueva tarea. Pulín quedó sorprendido consigo mismo. El trabajo no era tan malo. Le gustó. Las hormigas habían convertido a un holgazán en trabajador.

Por Pulín, las hormigas valían más. Por las hormigas, Pulín valía más. La vida era mucho mejor para ambos. Ambos estaban muy contentos y agradecidos.

Cuando vino la primavera, Pulín y sus amigas, las hormigas, salieron al campo. Nada iba a ser igual otra vez. Todo había cambiado.

Pulín dejó de ir a las discotecas, a los circos y al cine. Se puso a trabajar. Estableció una escuela para chapulines jóvenes. Les enseñó a hacer una casa para el invierno. Les enseñó a guardar comida. Su casa nueva y su propio trabajo servían de modelos. Les decía a sus alumnos, "No quiero que se mueran de hambre y de frío cuando venga el invierno". Esto era nuevo. Nunca antes habían trabajado los chapulines. Nadie podía creer lo que estaba pasando en el mundo de los chapulines. Pulín era el primer chapulín que había sobrevivido al invierno.

Las hormigas seguían trabajando como siempre. Pero ya no era igual. Ahora trabajaban con alegría. Trabajaban cantando y riendo. Así el trabajo pesaba menos.

Esto también fue una gran sorpresa para todos. ¿Quién había oído a una hormiga cantar y reír? Todos estaban maravillados, y con razón.

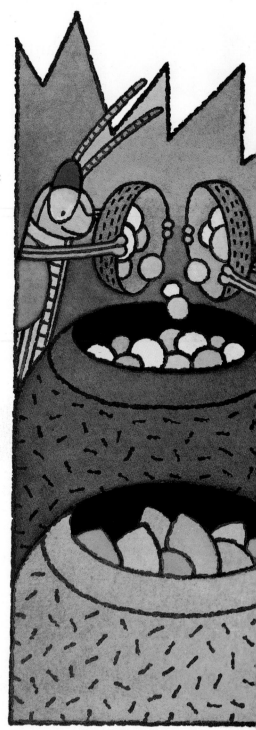

Miles y miles de vocecitas de hormigas cantando en lengua de chapulín, "Cica, cica, cica". ¿Quién lo iba a creer? Era un milagro. Era un sonido nuevo que nunca se había oído antes.

De vez en cuando, durante el verano, Pulín se reunía con sus amigas hormigas para una comida o una fiesta. A veces trabajaban juntos. Eran amigos de veras. Eran amigos para siempre.

El mundo ahora era mejor. El mundo era más alegre y más hermoso. La vida era mejor. Todo esto resultó gracias a la amistad entre Pulín y Miga. Todo esto resultó gracias a la amistad entre dos buenas personas de diferentes razas y diferentes culturas.

Cica, Cica

Para celebrar su amistad, Pulín y Miga van a dar un concierto y quieren que tú y un grupo de tus compañeros les escriban una canción. Si quieren, las letras pueden acompañar una melodía que ustedes ya conocen, como, "La cucaracha", "Allá en el rancho grande" o "Cielito lindo".

125

Conoce al autor

Sabine R. Ulibarrí nació y se crió en Nuevo México. Todavía vive allí. Le gusta ir de pesca a los ríos de las montañas cerca de su casa. También le gusta montar a caballo. Como maestro, él ha enseñado español a muchas personas. También ha escrito muchos cuentos en inglés y en español para niños como tú, porque quiere que sientas orgullo por tu idioma y por tu gente.

126

Conoce al artista

Darius Detwiler creció en Venezuela. Utiliza muchos colores brillantes de las lomas venezolanas. Un libro en español que ha ilustrado se llama *El dinosaurio se cayó*. Ahora reside en Texas, en la ciudad de San Antonio, donde a menudo encontrarás sus dibujos en los periódicos locales.

TRATO HECHO

por Amado Nervo

—Oye, pichoncito amigo:
Yo quiero jugar contigo.

—Niño, si quieres jugar
ven, sube a mi palomar.

—Me faltan alas. No puedo.
Baja tú, no tengas miedo.

—Sin miedo voy a bajar
y jugaré satisfecho;
pero trigo me has de dar.

—Pichoncito: trato hecho.

MARÍA del SOL

escrito por Carmen Tafolla

ilustrado por Denise y Fernando

¡María!

—gritó Mandy—. ¡Vamos a los columpios! ¡Nos montaremos cada una en un columpio azul!

María ya se estaba subiendo al columpio amarillo, pero como a Mandy le gustaba que hicieran todo igualito, María se bajó y se cambió a un columpio azul.

A María le gustaba jugar en los columpios con su amiga Mandy, especialmente en días de sol. ¡Le encantaba el sol!

—¡Qué sabroso está el sol! —dijo María con alegría.

—Y mira hacia allá —respondió Mandy riéndose—, ¡ya salió la luna!

—¿Sabes una cosa? —añadió Mandy—. ¡Tú eres mi mejor amiga!

Las dos se columpiaron bien alto, hacia el cielo, hasta que el abuelo de María salió de la casa que estaba al otro lado de la calle, y con la mano les indicó que regresaran.

María se despidió y Mandy le dijo: —Tú y yo somos iguales. Nuestros nombres comienzan con "M" y las dos tenemos el cabello largo. Vamos mañana las dos a la escuela vestidas de rosado.

—¡Está bien! Nos vemos en la escuela —respondió María.

María se alegró de ver al abuelo. Siempre era tan bueno con ella. Le contaba cuentos en español y le preparaba desayunos especiales con tortillas calientitas. Siempre hablaba con suavidad y siempre la llamaba usando su nombre completo: "María del Sol". A María le gustaba oírlo decir su nombre porque, ¡le encantaba el sol!

Su abuelo la levantó en sus brazos y la hizo girar en el aire.

—¡Cuéntame un cuento, Abuelito! ¡Cuéntame uno de esos cuentos maravillosos de México que tú sabes!

Su abuelo le habló entonces de una pirámide de piedras enormes que estaba muy, pero muy lejos, y que tenía tantos escalones que a él le había tomado casi una hora treparla.

—Y allí —le dijo—, el sol lo baña todo, ¡tal como a ti te gusta, María del Sol! Ahora, cuéntame cómo te fue hoy en la escuela, María del Sol.

—Mi maestra me dijo que mañana va a haber un concurso de cuentos. Todo el que quiera participar tiene que imaginarse un cuento, escribirlo y hacer un dibujo sobre él.

—¿Quieres escribir un cuento? —le preguntó su abuelo.

—Pues, ¡claro! —dijo María—. ¡A mí me gustan los cuentos!

Esa noche María pensó durante un largo rato. Luego, con gran cuidado, hizo un dibujo y escribió un cuento sobre un parque llamado "El Parque del Sol".

Al día siguiente, María llevó su cuento y su dibujo a la escuela. Esa tarde, antes de salir de la escuela, su maestra tomó una cinta azul y con un alfiler se la puso en la blusa a María. María se sorprendió mucho cuando la maestra le dijo que se había ganado, ¡nada menos que el primer premio! Mandy también estaba sorprendida. Mandy no había escrito un cuento para el concurso.

Cuando salían de la escuela, María gritó:

—¡Mandy! ¡Mandy! Vamos al parque.

—No —respondió Mandy—. ¿Por qué escribiste un cuento?

—Porque es muy divertido —contestó María.

—Bueno, ya no somos iguales —dijo Mandy—. No quiero jugar contigo.

—¿Por qué? —preguntó María.

Mandy le contestó: —Tú eres más alta que yo, tienes el pelo negro y eres mexicana. ¡No eres igual a mí y yo no quiero jugar contigo!

María llegó muy triste a su casa. Cuando su abuelo la vio con la cinta azul sobre la blusa, le dijo:

—María del Sol, hay sol en tu cuento y tu cinta azul, y afuera también hace sol, pero en tu cara no hay sol. ¿Qué te pasa?

—Abuelito, ¿es cierto que soy mexicana?

—Bueno, sí y no. Eres ciudadana de los Estados Unidos, como yo. Pero tu cultura es de México y también de aquí. Eres mexicanoamericana.

—Entonces eso quiere decir que soy de México, ¿verdad?

—No —le contestó su abuelo—. Algunos mexicanoamericanos son de México. Algunos tienen abuelos y tatarabuelos de México. Y otros tienen familias que han vivido aquí en esta ciudad, ¡desde que era parte de México!

—¿Esta ciudad era parte de México? —preguntó María, sorprendida.

—Sí, hace mucho tiempo. Muchas partes que ahora son de los Estados Unidos, antes eran de México. Por eso, muchos mexicanoamericanos saben hablar español e inglés. También sabemos preparar comidas mexicanas y de los Estados Unidos. Y tenemos días de fiesta y costumbres que son como regalos de México.

—¿Como cuáles, Abuelito?

—¿Te acuerdas de la piñata de tu cumpleaños? ¿Y de las tortillas que te preparé para el desayuno esta mañana? ¿Y mi manera de llamarte por tu nombre completo, María del Sol? Éstas son costumbres venidas de México. Tu amiguita Mandy tiene muchas costumbres que vienen de Inglaterra. Todos tenemos nuestras culturas y costumbres que vienen de distintos lugares. Es lo que nos hace distintos e interesantes.

—Yo no creo que sea interesante ser distinto —dijo María—. A algunas personas no les gusta la gente distinta.

—Pero a mí, tú sí me gustas, María del Sol —dijo el abuelo, dándole un fuerte abrazo. El abrazo la hizo sentirse mejor, pero todavía se preguntaba por qué Mandy no quería jugar con ella.

Al día siguiente comenzaban las vacaciones de primavera y el abuelo tenía preparada una gran sorpresa para María.

—Mi primo quiere que lo vaya a visitar, María, y yo quiero que tú, tu mamá y tu papá me acompañen.

—Abuelito, ¿tu primo también es mexicano-americano? —preguntó María.

—No, él es mexicano. Su cultura es parecida a la nuestra, pero es distinta en ciertas cosas. Mi primo vive en México. Cuando vayamos allá podrás visitar algunos de los sitios de los cuentos que te he contado.

—¿De los cuentos? ¡Sí, sí! —respondió María del Sol, olvidándose por completo de Mandy—. Por favor, Abuelito, ¡llévame al país de los cuentos!

La familia empacó sus maletas para viajar. María empacó libros, creyones y juguetes para entretenerse durante el largo viaje.

—Te encantará conocer a mi primo, María del Sol —le dijo su abuelo—. Él tiene una nietecita que es casi de tu misma edad.

—¿Es de mi edad? ¡Qué bueno! —exclamó María.

María estaba feliz de conocer al primo de su abuelo. Era como tener otro abuelito. Pero cuando conoció a su nieta Celina, María no se sintió nada contenta.

Celina no era tan pequeña. Estaba en cuarto grado y era mucho más alta que María. Celina usaba muchas palabras en español que María no sabía. Por otra parte, María usaba algunas palabras en inglés que Celina no conocía. María pensó, "No le voy a caer bien. Ella está en cuarto grado y yo apenas en segundo. Ella es alta y yo no. Su pelo es corto y de color café, y el mío es largo y negro".

María se sintió muy triste. Pero Celina la llamó:
—¡Vamos a jugar! ¡Qué bonito conocer a mi primita
de los Estados Unidos! Tú sabes tantas cosas,
distintas de las que yo sé, y me gustaría hacerte
muchas preguntas. ¡Será muy divertido estar contigo!

María pasó una semana maravillosa en México. Ella y Celina fueron a visitar muchos de los lugares de los que su abuelo le había hablado. Visitaron una ciudad flotante llena de barquitos cubiertos de flores. Cada barquito tenía su propio nombre escrito con flores. María se hizo sacar una foto delante del barquito que decía el nombre "María". Y en las paredes de los edificios altos había grandes murales.

Y lo más divertido de todo fue la visita a la gran pirámide. El abuelo subió la pirámide con su primo. Como había tantos escalones, tardaron una hora entera.

María y Celina, en cambio, fueron las primeras de la familia en subir la pirámide. Una vez arriba, se sentaron a disfrutar del calor del sol y de la brisa fresca. Celina dijo: —La pirámide se parece mucho a ti. ¡Tú eres María del Sol y ésta es la Pirámide del Sol!

—¿De veras? ¿La Pirámide del Sol? —preguntó María.

—Sí —dijo Celina—, pero la pirámide es grande, dura y no se mueve, mientras que tú eres pequeña y suave, y andas siempre haciendo cosas divertidas. ¡Me alegro de tener una primita como tú!

Cuando María regresó a la escuela después de las vacaciones, le contó a toda la clase las aventuras de su viaje a México. Sus compañeros le dijeron que era maravilloso que una pirámide tuviera un nombre como el de ella, "del Sol".

Esa tarde, al salir de la escuela, Mandy se acercó a María y le dijo: —Siento mucho lo que te dije el otro día. Yo quiero que sigamos como amigas. ¡Ya sé! Tú eres María del Sol y yo Mandy del Sol. ¿De acuerdo?

—No —le contestó María—. Nosotras podemos ser distintas y seguir siendo amigas. Tú me puedes llamar María del Sol, ¡y yo te llamaré Mandy de la Luna!

Apodos para todos

Al final del cuento, María le dio a Mandy un apodo divertido y cariñoso. Piensa en otros apodos cariñosos como los de María y Mandy. Entonces, escribe un cuentito que incluya personajes que tengan los apodos que inventaste.

Conoce a la autora

Carmen Tafolla se crió en un barrio de San Antonio, Texas, la ciudad donde nació. Una de sus actividades favoritas es escribir cuentos y programas de televisión para niños. Pero, sobre todo, le gusta escribir poesía. La poesía le divierte mucho. Carmen Tafolla vive ahora con su esposo y su hija en McAllen, Texas.

Conoce a los artistas

Denise Fraifeld y Fernando Azevedo son de Brasil. Han ilustrado unos treinta libros, muchos de los cuales han sido premiados. Hablan portugués e inglés, pero mejor se comunican con la imaginación, a través de sus dibujos.

Libros sólo para amigos

Pupurupú

por Sabine R. Ulibarrí

El canto de "¡Pu-puuruu-púú!" corre por el desierto y así comienza la aventura de un correcaminos y un coyote que se preguntan si son amigos.

El baile de las memorias

por Laura Santos R.

Las canciones que el abuelo escucha en la radio le traen recuerdos que él comparte con su nieta, Chavelita.

El amigo nuevo

por María Puncel

Ha llegado un niño nuevo y los chicos del barrio tienen mucha curiosidad por conocerlo.

El columpio

por Ana María Pecanins

A todos les gusta montarse en un columpio, pero montarse en un columpio fantástico suena mucho mejor, ¿no?

La carta para mi amigo

por Antonio Cuadrench

Quique tiene un amigo que vive lejos. Pero no importa, porque con papel y lápiz, Quique puede contarle todo a su amigo.

149

En los libros que hablan de personas, animales y lugares verdaderos, encuentras todo un mundo de información. . .

¿Qué es un millón de veces más grande que la tierra?

¿Cómo se llama el dinosaurio con dientes que miden seis pulgadas?

¿Quién era Martin Luther King, Jr.?

En este libro encontrarás las respuestas a estas preguntas. Y recuerda: no importa lo que quieras aprender, los libros te darán todo un mundo de información.

CONTENIDO

¿Qué sabes de las estrellas?

escrito por Mae Blacker Freeman

ilustrado por Fred Lynch

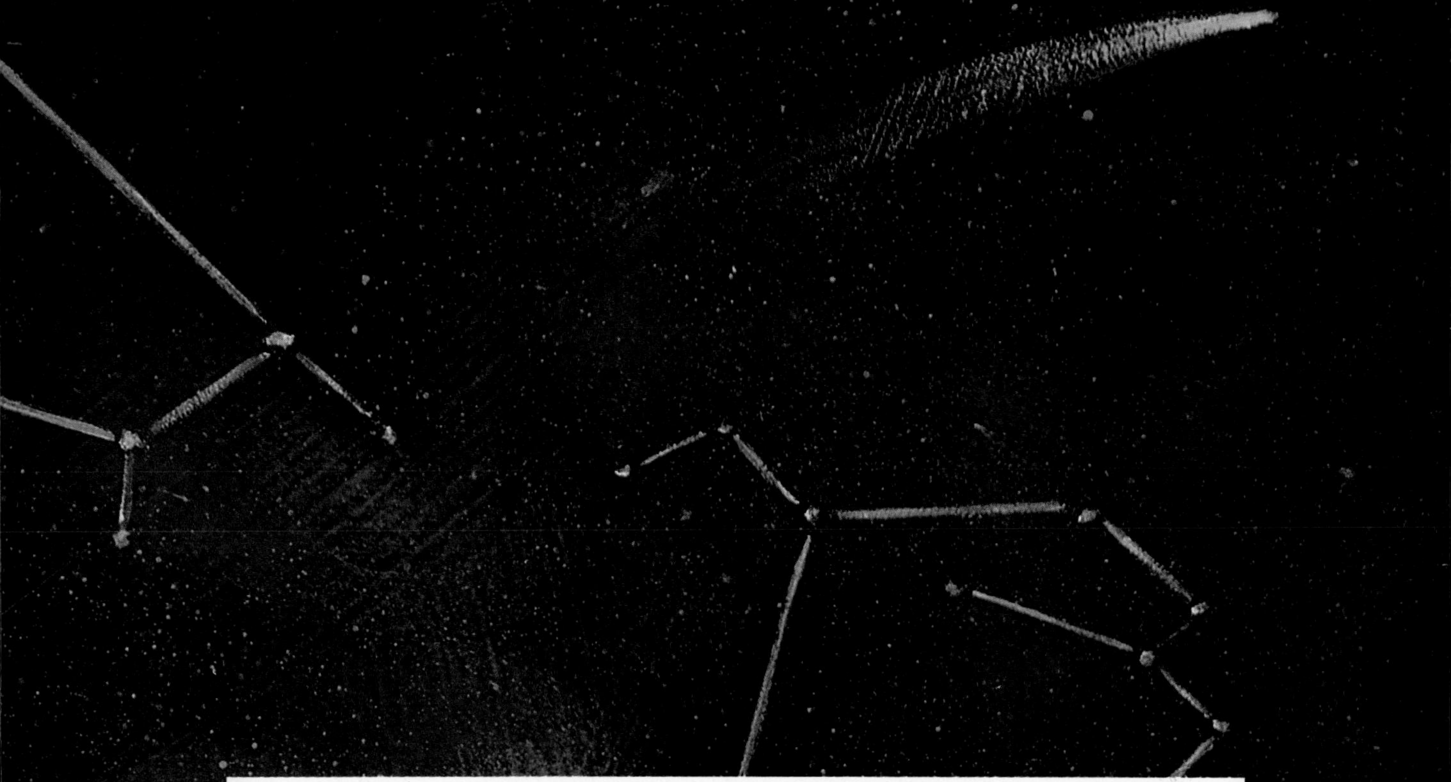

Mira el cielo cuando sea de noche. Verás muchas estrellas.

Hay
millones
y millones
y millones
de millones
de estrellas que brillan y titilan en el cielo. Hay tantas estrellas en el cielo que nunca acabarías de contarlas.

Cuando miras las estrellas en el cielo, se ven chiquitas. Todo parece chico cuando está lejos. Hasta las cosas bien grandes parecen chicas cuando están lejos.

Los aviones son muy grandes.

Pueden llevar mucha gente. Pero si los miras cuando vuelan muy alto, se ven como juguetes en el cielo. Los aviones se ven chicos porque están muy lejos.

Las estrellas también se ven chiquitas porque están muy lejos. Pero las estrellas son grandes, muy grandes, **verdaderamente grandes**. Algunas estrellas son más grandes que la Tierra.

Las estrellas están lejos, muy lejos, verdaderamente lejos. Pero hay una estrella que no está tan lejos como las otras. Es una estrella que tú conoces muy bien porque la ves brillar todos los días. ¿Sabes cuál es?

Es el Sol... ¡El Sol es una estrella! El Sol es **grande** y *redondo* y muy, pero muy brillante. El Sol no se ve tan pequeño como las otras estrellas porque no está tan lejos de nosotros como ellas. El Sol es más grande que todo un millón de Tierras juntas.

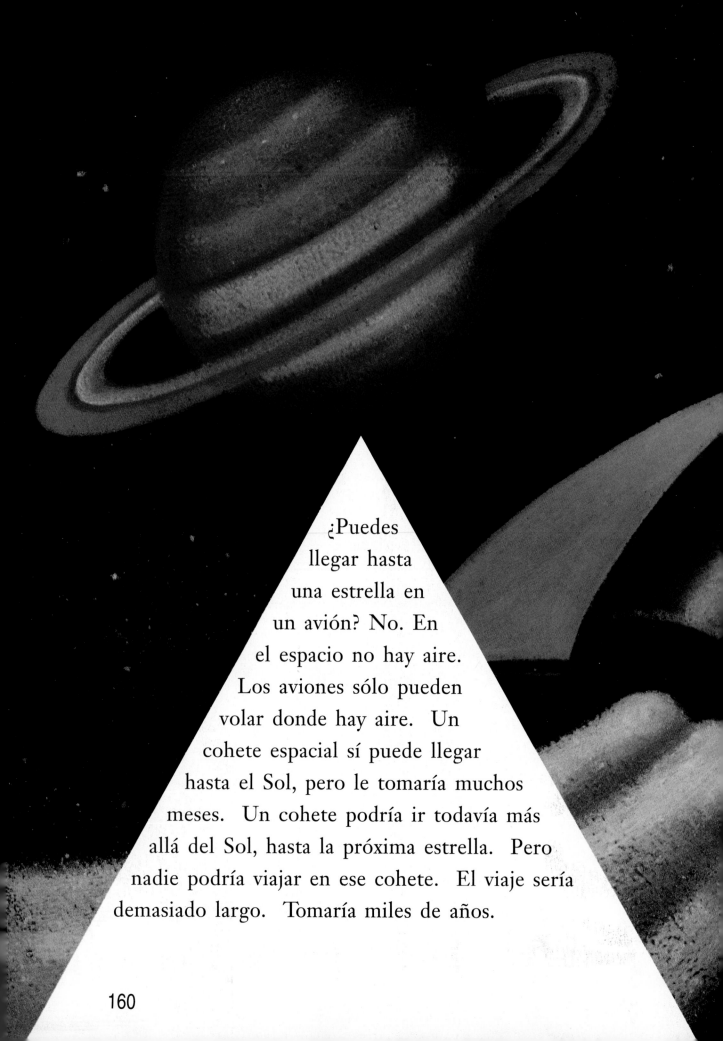

¿Puedes
llegar hasta
una estrella en
un avión? No. En
el espacio no hay aire.
Los aviones sólo pueden
volar donde hay aire. Un
cohete espacial sí puede llegar
hasta el Sol, pero le tomaría muchos
meses. Un cohete podría ir todavía más
allá del Sol, hasta la próxima estrella. Pero
nadie podría viajar en ese cohete. El viaje sería
demasiado largo. Tomaría miles de años.

Imagínate que pudieras llegar cerca del Sol o de cualquier otra estrella. ¿Cómo se vería todo? El Sol se vería como una enorme bola de nubes. Pero las nubes no serían como las nubes blancas y suaves que ves flotando en un cielo azul. Tampoco serían como las nubes de color gris oscuro que ves en un día nublado cuando va a llover.

Las estrellas tienen nubes muy diferentes. Son muy, pero muy brillantes y muy, pero muy calientes. Las nubes de las estrellas son anaranjadas, amarillas y blancas. No son nubes tranquilas. Dan saltos, brincos y vueltas. Llamaradas enormes y rojas saltan hacia el espacio y se devuelven en forma de arco.

Aunque pudieras
acercarte al Sol o a cualquier
otra estrella, no podrías mirarlas.
Son demasiado brillantes. Nunca debes
mirar directamente al Sol aun estando aquí
en la Tierra. Se te dañarían los ojos.

¿Cuán caliente es una estrella?
Piensa en algunas cosas calientes. Piensa
en un día caliente de verano... o en la arena
caliente de la playa. Imagínate un gran

¡FUEGO!

¿Son estas cosas tan calientes
como una estrella?

¡No! Las estrellas son muchísimo más calientes. Las estrellas son lo más caliente que te puedas imaginar.

No puedes sentir el calor verdadero de las estrellas. Tampoco puedes darte cuenta de que las estrellas son enormes bolas de nubes calientes que saltan, brincan y dan vueltas y vueltas en el cielo. Las estrellas están demasiado lejos.

Para ti, las estrellas son puntitos brillantes que titilan en la oscuridad del espacio. Esta noche **alza la vista** al cielo y ya verás.

Toda una estrella

Dibuja una estrella sobre una hoja grande de papel. En cada una de las puntas de la estrella escribe un dato de los que has aprendido sobre las estrellas. Sigue los cinco pasos indicados en el dibujo para ayudarte a dibujar la estrella. Cuando termines, ¡serás una estrella!

Cinco pasos fáciles para dibujar una estrella

Conoce a la autora...

Mae Blacker Freeman

Mae Blacker Freeman escribe libros educativos sobre muchos temas diferentes. Además de ser escritora, es fotógrafa. Escribió un libro sobre el ballet en el que aparecen fotos de su hija como bailarina. También ha escrito libros sobre otros temas (por ejemplo, el agua) que también tienen muchos datos interesantes.

Conoce al artista...

Fred Lynch

Fred Lynch siempre quiso ser artista. Cuando estaba creciendo en Rhode Island, pasaba mucho tiempo dibujando. Ahora da clases de dibujo en dos universidades de Rhode Island. Fred Lynch ha ilustrado libros, revistas y anuncios publicitarios. Ha recibido varios premios por su trabajo.

En la época de los dinosaurios

escrito por Peggy Parish

ilustrado por Arnold Lobel

En tiempos muy lejanos el mundo era distinto.
El clima era caliente en la mayor parte de la
Tierra y los dinosaurios habitaban el planeta...

Había dinosaurios grandes y dinosaurios
pequeños. Había dinosaurios rápidos y
dinosaurios lentos. Algunos comían carne y
otros comían plantas.

Estegosaurio

ESTEGOSAURIO

Este dinosaurio tenía la espalda cubierta
de placas. Las placas eran de hueso. En
la cola tenía grandes púas. Comía plantas.
Se le llama Estegosaurio.

ANQUILOSAURIO

Este dinosaurio tenía una coraza como
la de una tortuga. Su cola parecía un garrote.
Se defendía muy bien contra muchos
animales. Se le llama Anquilosaurio.

COMPOSOGNATO

Éste era un dinosaurio pequeño. Tenía
el tamaño de un gato. Pero corría tan rápido
que alcanzaba a otros animales. Los mataba
y se los comía. Se le llama Composognato.

Anquilosaurio

Composognato

BRONTOSAURIO

Éste era un dinosaurio gigante. Pero
tenía la boca chiquita. Comía plantas.
Como era tan grande, no paraba de comer.
Se le llama Brontosaurio.

PENTACERATOS

Este dinosaurio tenía cinco cuernos en la cara. Se le llama Pentaceratos. Es un nombre perfecto. Pentaceratos significa "cinco cuernos en la cara".

DIPLODOCO

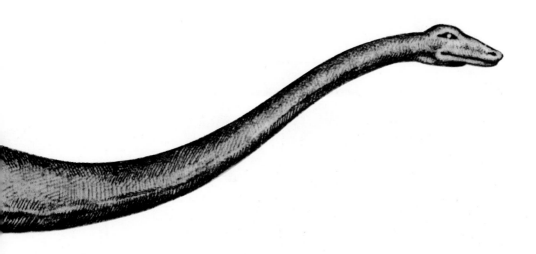

Éste era un dinosaurio largo.
Lo más largo eran su pescuezo y su
cola. Sus dientes eran cortos y sin filo.
Comía plantas. Se le llama Diplodoco.

Teratosaurio

TERATOSAURIO

Este dinosaurio caminaba sobre las
patas traseras. Tenía garras grandes y
dientes afilados. Comía carne. Se le llama
Teratosaurio.

ANATOSAURIO

Este dinosaurio tiene como
sobrenombre "pico de pato". Tenía un pico
como el de un pato. En el pico no tenía
dientes. Pero en la boca sí. Dentro de
la boca tenía, ¡cientos de dientes! Si se le
rompía un diente no importaba. Le crecía
uno nuevo. Se le llama Anatosaurio.

ORNITOMIMO

Este dinosaurio también tenía pico.
Pero no tenía dientes ni en el pico ni en
la boca. Comía animalitos e insectos.
Quizás comía también frutas y huevos de
dinosaurios. Pero, ¿cómo hacía para comer
sin dientes? Los pájaros comen y no tienen
dientes. Quizás comía como los pájaros.
Se le llama Ornitomimo.

Anatosaurio

Ornitomimo

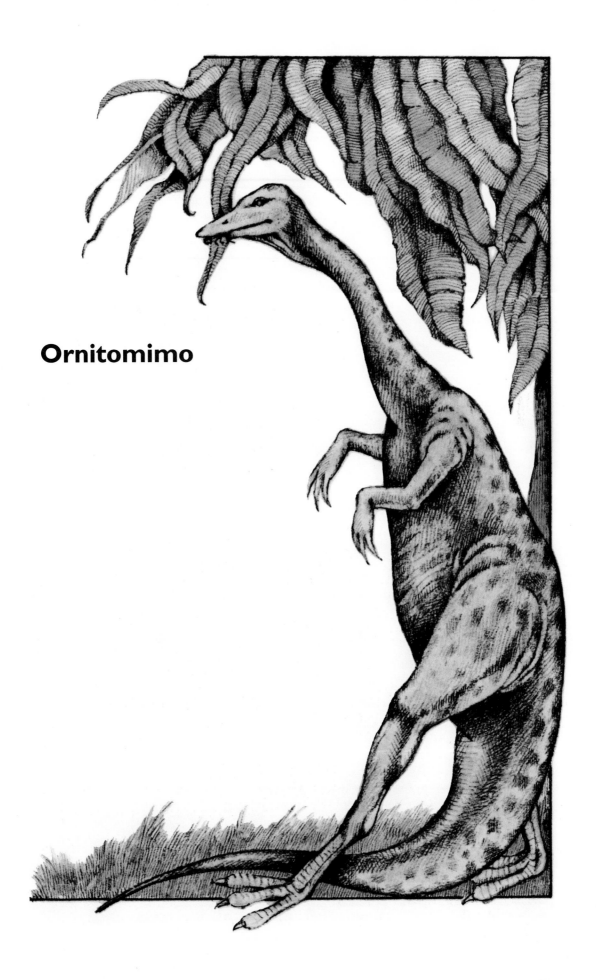

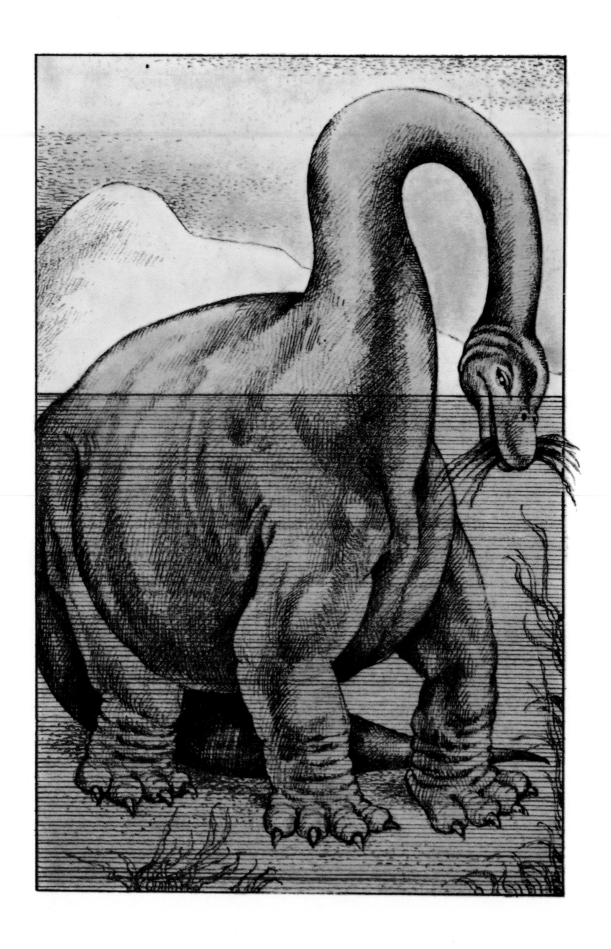

BRAQUIOSAURIO

Éste era un dinosaurio gordiflón. Era tan gordo que no podía huir de sus enemigos. Comía plantas. Se le llama Braquiosaurio.

TIRANOSAURIO

Este dinosaurio era el más grande de los que comían carne. Tenía unas mandíbulas enormes. Sus dientes medían seis pulgadas de largo. Cazaba otros dinosaurios y se los comía. Se le llama Tiranosaurio.

Durante mucho tiempo hubo dinosaurios. Luego se murieron y nadie sabe por qué. Pero durante un tiempo, fueron los dueños del mundo. Fue la época de los dinosaurios.

TU DINOSAURIO FAVORITO

En esta selección aprendiste sobre los distintos tipos de dinosaurios. ¿Qué tipo de dinosaurio te pareció más interesante? Habla con un compañero o una compañera sobre el dinosaurio que más te gustó y comparte algunos detalles interesantes sobre ese dinosaurio.

Conoce a la autora...
Peggy Parish

Peggy Parish se hizo maestra de tercer grado antes de comenzar a escribir libros para niños. Entre sus personajes más conocidos está Amelia Bedelia, que aparece en muchos de sus libros más divertidos.

También ha escrito otros libros interesantes, como un libro para hacer esculturas móviles para los días de fiesta.

Conoce al artista...
Arnold Lobel

Arnold Lobel llegó a ilustrar casi cien libros para niños. Muchos de esos libros han sido premiados. Lo que más le gustaba era ilustrar los libros de ciencia. Decía que cuando uno dibuja para un libro de ciencia, se convierte en un mini experto sobre el tema. A Arnold Lobel le gustaban los retos. El reto en *La época de los dinosaurios* fue hacer que los dinosaurios gigantes cupieran en un libro pequeño.

Historia ilustrada de Martin Luther King, Jr.

escrita por David A. Adler

ilustrada por Robert Casilla

Martin Luther King, Jr. fue uno de los grandes
líderes de los Estados Unidos. Fue un orador
brillante. En sus discursos denunció leyes que
limitaban las oportunidades de la gente negra
para educarse y obtener buenos empleos.
Como líder, dirigió manifestaciones y marchas,
exigiendo justicia para todos.

Martin Luther King, Jr. nació el 15 de enero de 1929 en Atlanta, Georgia. Su padre era pastor de una iglesia. Su madre había sido maestra. Martin tenía una hermana mayor, Willie Christine, y un hermano menor, Alfred Daniel.

Martin, en el centro, con su hermano Alfred Daniel a la izquierda y su hermana Willie Christine a la derecha.

Al joven Martin le gustaba jugar al béisbol, al fútbol y al baloncesto y montar en bicicleta. También le gustaba cantar. Con frecuencia, cantaba en la iglesia de su padre.

De niño, Martin acostumbraba jugar
en el patio de su casa con sus amigos.
Un día le dijeron que dos de sus amigos
no iban a jugar más con él porque ellos
eran blancos y él era negro.

Martin lloró ese día. No comprendía cómo era posible que el color de su piel pudiera molestar a nadie.

La mamá de Martin le contó que hace mucho tiempo, los negros habían sido traídos a este país en cadenas y vendidos como esclavos. Le contó que los esclavos habían sido liberados muchos años antes de que él naciera. A pesar de eso, todavía había personas que trataban mal a la gente negra.

En Atlanta, donde vivía Martin, y en otras partes del país, había letreros en inglés que decían "White Only" (Blancos solamente). A la gente negra le prohibían la entrada a muchos parques, piscinas, hoteles, restaurantes y aun escuelas. También le prohibían trabajar en muchos empleos.

Martin aprendió a leer en su casa
antes de tener edad de ir a la escuela.
Pasó su niñez leyendo libros sobre
líderes negros.

George Washington Carver

Frederick Douglass

Harriet Tubman

Martin era buen estudiante. Terminó sus
estudios de secundaria dos años antes de lo normal
y apenas tenía quince años cuando comenzó a
estudiar en Morehouse College, en Atlanta. Allí
Martin decidió hacerse pastor religioso.

Después de graduarse de Morehouse College,
Martin hizo sus estudios de doctorado en la
Universidad de Boston. Fue entonces cuando
conoció a Coretta Scott. Ella estudiaba música.
Se enamoraron y se casaron.

En 1954, Martin Luther King, Jr. comenzó
a trabajar como pastor de una iglesia en
Montgomery, Alabama. Al año siguiente,
Rosa Parks, una mujer negra, fue arrestada en
esa ciudad por sentarse en la sección de un
autobús reservada para "Blancos solamente".

El Dr. Martin Luther King, Jr. organizó
una protesta para pedir justicia e igualdad de
derechos. La gente negra de la ciudad se negó
a viajar en autobús. Se organizó un boicot
contra los autobuses públicos. El Dr. King
dijo: —Llega un momento en que la gente
se cansa... de que la traten a patadas...

Una noche, mientras el Dr. King estaba en una reunión, alguien lanzó una bomba que cayó en su porche.

Los seguidores del Dr. King se enfurecieron. Querían pelear. Martin les dijo que regresaran a sus casas en paz. —Debemos querer a nuestros hermanos blancos —les dijo—. Debemos responder al odio con amor.

La protesta contra los buses duró casi un año. Cuando terminó, ya no había más buses con secciones reservadas para "Blancos solamente".

En 1960, el Dr. King decidió regresar a vivir a
Atlanta. Allí continuó la lucha contra la injusticia,
la discriminación y la segregación racial en el
trabajo y en las escuelas. Luchó también por el
derecho al voto y a la vivienda decente para todos.
Continuó al frente de manifestaciones pacíficas en
contra de sitios reservados para "Blancos solamente"
en restaurantes, salas de espera y servicios
sanitarios. Estuvo a la cabeza de numerosas
marchas por la libertad.

En 1963, el Dr. King dirigió la mayor manifestación de protesta jamás vista, la Marcha sobre Washington. Más de doscientas mil personas blancas y negras participaron en la marcha.

—Sueño —dijo en su discurso aquel día—. Sueño con el día en que mis cuatro hijos pequeños vivan en un país donde no se les juzgue por el color de su piel, sino por el contenido de su carácter.

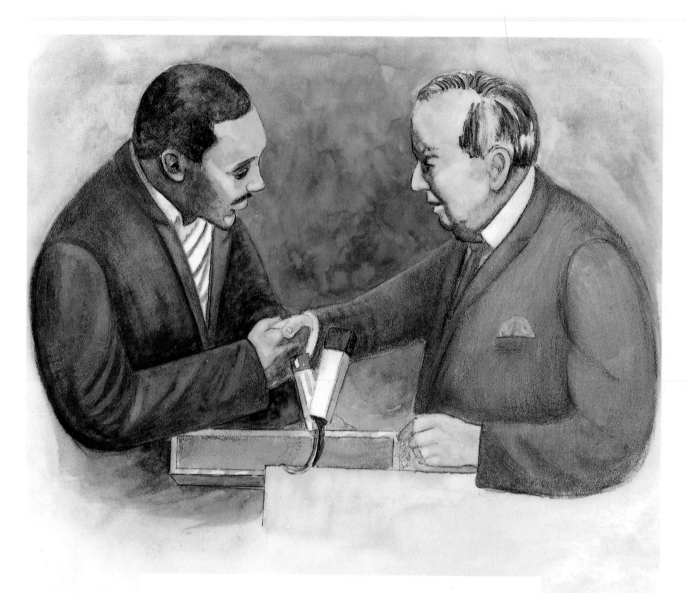

Al año siguiente, en 1964, el
Dr. King recibió uno de los honores
más grandes que se le puede dar a un
ser humano: el Premio Nobel de
la Paz.

El país estaba cambiando. Se aprobaban leyes nuevas. Los negros podían asistir a las mismas escuelas que los blancos. Podían comprar en los mismos almacenes, comer en los mismos restaurantes y alojarse en los mismos hoteles. Los letreros que decían "Blancos solamente" fueron declarados ilegales.

El Dr. King aconsejaba protestas ordenadas y pacíficas. Pero hubo disturbios y algunos choques violentos.

Más tarde, en marzo de 1968, el Dr. King viajó a Memphis, Tennessee. Tenía planeado organizar una marcha en apoyo de los recolectores de basura, la mayor parte de los cuales eran negros, que estaban en huelga para obtener salarios más altos y mejores condiciones de trabajo.

El 4 de abril, el Dr. King estaba parado afuera del cuarto en un motel en Memphis. Cerca de allí se había escondido un hombre llamado James Earl Ray. Este hombre apuntó un rifle hacia el Dr. King y disparó. Una hora después el Dr. King murió.

Martin Luther King, Jr. soñaba con un mundo libre de odios, prejuicios y violencia. En la lápida de su sepultura aparecen grabadas estas palabras: "Free at last" (Libre al fin).

Un mundo mejor

En la Marcha sobre Washington, el
Dr. King dio un famoso discurso en el
que habló de sus sueños y esperanzas
para el futuro. En parejas, escriban un
discurso sobre cómo quieren que sea el
mundo cuando sean grandes. Luego,
uno de ustedes puede leer el discurso a
la clase o los dos pueden turnarse a
leerlo por partes.

Conoce al autor...

David A. Adler

David A. Adler escribe libros educativos sobre muchos temas diferentes como matemáticas, adivinanzas, rompecabezas y la cultura judía. Ha escrito biografías de Jorge Washington, Abraham Lincoln, Helen Keller y Thomas Edison. También inventa cuentos sobre personajes divertidos. Entre sus libros de ficción más populares están sus libros de misterio.

Conoce al artista...

Robert Casilla

Para Robert Casilla, comenzar a ilustrar un libro es un reto del cual disfruta mucho. Antes de comenzar, Robert Casilla aprende todo lo que puede sobre la persona que él va a dibujar. Ya ha ilustrado cuatro libros escritos por David A. Adler, incluyendo un libro sobre John F. Kennedy y otro sobre Eleanor Roosevelt.

Cuando sea grande

Martin Luther King, Jr. llegó a ser pastor y líder de millones de personas. ¿Qué quieres ser cuando seas grande? Aquí hay una canción sobre lo que un niño o una niña como tú puede ser cuando sea grande.

REGINA MONTOYA

abogada

222

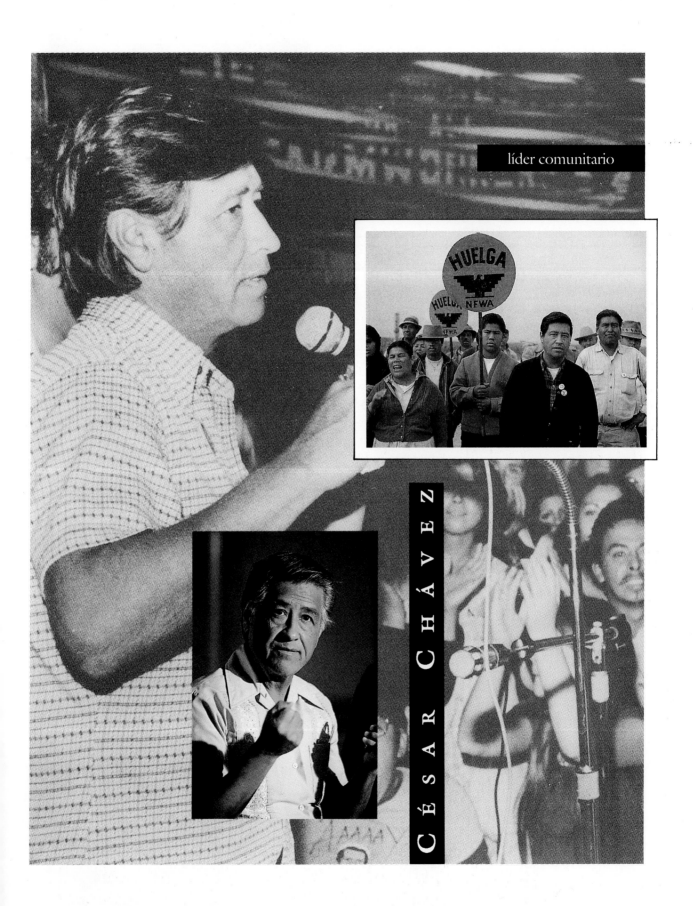

CÉSAR CHÁVEZ

Yo quiero ser

por Alberto Barrera

Yo quiero ser bombero,
yo quiero ser capitán,
yo quiero ser panadero
porque a mí me gusta el pan.

Yo quiero ser cocinero,
yo quiero ser general
pa' enseñarle a los soldados
cómo se deben portar,
pa' mostrarle a los soldados
cómo se debe marchar.

mariachi

Yo quiero ser carpintero,
yo quiero ser pintor,
yo quiero ser granjero
pa' cultivar mi labor.

Yo quiero ser astronauta,
yo quiero ser aviador
pa' subirme en aeroplano
y en él volar a Plutón
y visitar los planetas que giran alrededor.

SUSIE MARIE GARCÍA

224

astronauta

225

OYE, ¿SABÍAS QUE...?

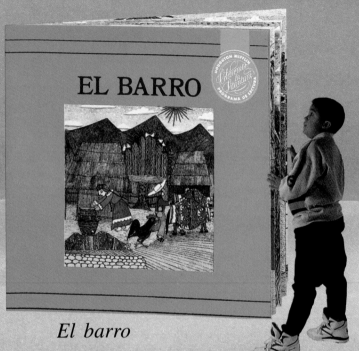

El barro
por Nicole Girón
¿Sabes cómo se hacen los jarros, las ollas y las figuritas de barro? La historia de Roque y su familia te lo dirá.

Sonidos y ritmos
por Susana Dultzin Dubin
Todos los días escuchas a tu alrededor sonidos hechos por los animales, la naturaleza, la gente, las máquinas y los instrumentos musicales. ¿Cuáles te gustan más?

Cómo se hace un libro
por Aliki
¿Cómo se hacen los
libros? Descúbrelo y a lo
mejor puedes hacer uno.

El fuego
por María Rius y
Josep M. Parramón
¡Qué cosa tan
extraordinaria es el
fuego! Lee este libro
para que lo entiendas
mejor.

Dos países, dos tradiciones

Piénsalo

¿Qué tradiciones celebra Teresa?

Palabras clave

historia
tradición

Imagínate que vives en la misma casa donde creció tu abuelita. Teresa Sánchez vive en la casa donde crecieron su abuelita y su mamá. Teresa también va a la misma escuela que fueron ellas.

Hace muchos años que la familia de Teresa vive en East Los Angeles, California. Sus antepasados vinieron de México. Teresa y su familia hablan español, el idioma que se habla en México. También hablan inglés. Cocinan comidas de los Estados Unidos y de México. También celebran los días festivos de los dos países.

Teresa y su primo

Jalisco, México

ESTADOS UNIDOS

California

· Los Ángeles

N
O — E
S

OCÉANO PACÍFICO

MÉXICO

GOLFO DE MÉXICO

Jalisco

Leyenda
·   Hogar de Teresa
___   Frontera de estados
___   Frontera de países

El papá de Teresa llegó a los Estados Unidos cuando tenía 22 años de edad. Vino del estado mexicano de Jalisco. Hoy en día, trabaja como instalador de alfombras en California. El abuelito Sánchez y otros miembros de la familia de Teresa todavía viven en México.

▼ En Jalisco hacen tazones con dibujos como éste.

La mayoría de los antepasados de Teresa eran granjeros en México. Vivían en verdes valles rodeados de montañas. El abuelito Sánchez también es granjero.

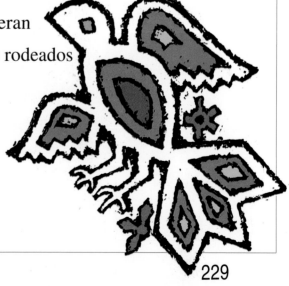

229

Los dos idiomas de Teresa

Cuando Teresa y su abuelito Sánchez se visitan, él le cuenta cómo eran las cosas cuando él era niño. Le cuenta a Teresa la historia de su familia. La **historia** son todas las cosas que pasaron.

Teresa habla en español con su abuelo. El abuelito Sánchez no habla inglés. Teresa habla español y también inglés. Estas son algunas palabras que Teresa usa en inglés y en español. Por supuesto, ella sabe muchas, muchas más. ¿Cuántas de estas palabras sabes tú?

Los dos idiomas de Teresa

Español		Inglés
niña		girl (guerl)
casa		house (jaus)
niño		boy (boi)
libro		book (buk)
gato		cat (cat)
fruta		fruit (frut)

Las dos comidas de Teresa

La familia de Teresa hace comidas de los dos países. A veces comen hamburguesas con panecillos. Otras veces sirven arroz mexicano para la cena.

En la familia de Teresa es una tradición preparar platos especiales en los días festivos. Una **tradición** es algo que se hace de la misma manera durante muchos años. La abuelita de Teresa prepara buñuelos para el día de Año Nuevo. Los buñuelos son una tradición en México. Son pequeños trozos de masa fritos. Después de cocinarlos, la abuelita les echa un poco de azúcar y canela. A veces prepara un almíbar con azúcar y canela. ¡Son riquísimos!

Buñuelos

1. Se prepara la masa.

2. Se les da forma.

3. Se fríen.

4. Se les echa azúcar y canela.

Los días festivos de los dos países

Teresa celebra los días festivos mexicanos y estadounidenses. El 15 y el 16 de septiembre su familia celebra el Día de la Independencia de México. Es una tradición hacer fiestas para celebrar esos días. Las fiestas son como ferias o grandes picnics. Estas fotos muestran lo que Teresa puede ver en una fiesta. Las personas se ponen trajes vistosos. Bailan, comen platos especiales y participan en juegos.

La familia de Teresa también celebra el Día de Acción de Gracias y el Cuatro de Julio, que son días festivos tradicionales en los Estados Unidos.

Muchos de los vecinos de Teresa y de los niños de su clase tienen antepasados mexicanos. En la escuela aprenden la historia y cuáles son los días festivos de los dos países.

La familia de Teresa habla dos idiomas y celebra los días festivos de dos países. Se sienten afortunados por tener tradiciones de los dos países.

Repaso

1. ¿Qué tradiciones celebra Teresa?
2. ¿Cómo mantiene las tradiciones de los dos países la familia de Teresa?
3. ¿Qué tradiciones son importantes para tu familia?

Glosario

Este glosario te puede ayudar a encontrar el significado de algunas de las palabras del libro. Los significados que se dan explican lo que quieren decir las palabras tal y como se usan en el libro.

A

afilada Que tiene una punta aguda: *Los gatos tienen garras afiladas que los ayudan a cazar y a trepar a los árboles.*

alborotado Estar inquieto y agitado: *El pueblo estaba muy alborotado por la llegada del carnaval.*

almacenar Ir guardando poco a poco cosas en un lugar especial: *La ardilla almacena comida durante el otoño para tener comida durante el invierno.*

arco Una gran curva: *A veces después de la lluvia se puede ver un arco de colores en el cielo que se llama arco iris.*

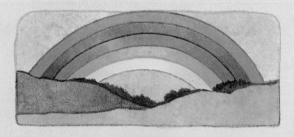

B

barbaridad Algo que causa asombro o disgusto: *¡Qué barbaridad llegar tan tarde! Estábamos muy preocupados.*

bizcocho Torta: *Para que éste sea un verdadero* **bizcocho** *de cumpleaños, ponle unas velas.*

borrar Quitar con borrador las marcas de lápiz sobre un papel: *Jorge va a* **borrar** *su nombre porque lo escribió mal.*

bostezar Abrir mucho la boca al respirar cuando se tiene sueño: *Tengo tanto sueño que no dejo de* **bostezar.**

brisa Viento fresco y suave: *¡Qué rica es la* **brisa** *que sopla en el lago cuando hace calor!*

C

cacarear El canto de la gallina o el gallo: *El gallo* **cacareó** *tanto que me despertó con el ruido.*

carga Algo pesado que hay que llevar de un lugar a otro: *Ayúdame con esta* **carga**, *que pesa mucho.*

carrillos Mejillas o cachetes, la parte más rellena de la cara: *Al bebé le gusta comer y por eso tiene los* **carrillos** *tan gorditos.*

cisnes Los **cisnes** son aves que viven en el agua como los patos y los gansos. Los **cisnes** tienen el cuello muy largo y delgado y plumas blancas o negras.

ciudadanos La gente de un país: *Mi mamá nació en México y por eso es* **ciudadana** *de México.*

cobertizo Un lugar con techo para proteger cosas de la lluvia y del sol: *Pusimos las bicicletas en el* **cobertizo** *porque iba a llover.*

cohete Una máquina que puede viajar por el espacio.

coraza La piel gruesa y dura que cubre a un animal: *Una* **coraza** *protegía la espalda de algunos dinosaurios.*

cuernos Los **cuernos** de un animal son como ramas de hueso que le crecen en la cabeza: *El venado tiene* **cuernos**.

Ch

chanchito Un **chanchito** es un cochinito o un cerdito.

chapulín Un **chapulín** es un insecto verde con alas y que salta. También se llama saltamontes.

D

desaparición Acto de desaparecer: *No se ha podido encontrar el anillo desde su* **desaparición**.

descansar Dejar de hacer cosas y reposar: *Después de trabajar toda la tarde, voy a* **descansar** *un ratito en mi sillón.*

despensa Un lugar donde se guarda comida: *En nuestra casa guardamos arroz y granos en la* **despensa**.

devolver Volver una cosa a su dueño: *Te presto el libro, pero quiero que me lo devuelvas porque es mi favorito.*

discurso Dar un **discurso** es hablar en público sobre un tema: *La directora dio un discurso para felicitar a los estudiantes por sus buenas notas.*

E

embozo Parte de la sábana que se dobla para que no tape la cara: *El niño arregló el embozo al tender la cama.*

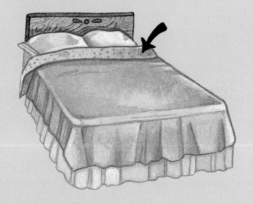

enojado Estar molesto: *Sabina estaba enojada porque no podía encontrar su paraguas e iba a llover.*

entonar Cantar: *El coro entonó una canción muy linda.*

espectáculo Tipo de representación especial que llama la atención: *El público aplaudió el gran espectáculo de magia en el circo.*

estatua Figura de una persona hecha de piedra, madera, metal u otro material. Cuando alguien se queda quieto sin moverse, se dice que está como una **estatua** en un museo.

exigir Demandar que alguien haga algo: *Mamá exige que comamos bien. Mientras no nos comamos las verduras, no podemos comer el postre.*

filo La parte afilada de un objeto que corta: *Con el* **filo** *del cuchillo cortó la carne.*

flamante Brillante: *Los* **flamantes** *zapatitos rojos que llevaba Hortensia se podían ver desde lejos.*

grito Un sonido fuerte y ruidoso que se hace con la voz al ser asustado, sorprendido, o asombrado: *Paula dio un* **grito** *de alegría cuando vio llegar a los abuelos.*

hallar Encontrar: *Mi hermanito curioso buscaba en todas partes, pero no* **hallaba** *el regalito que yo le había escondido.*

hamacar Mecer en una hamaca, que es una red gruesa que se cuelga para que sirva de cama o de columpio.

hechizo Un encantamiento: *El perfume de la flor es como un* **hechizo** *que me lleva hacia ella.*

holgazán Una persona perezosa que nunca quiere trabajar: *¡Qué* **holgazán** *eres! ¡Te quedas todo el día en pijama sin hacer nada!*

I

idioma Lengua que usa un grupo de gente para hablar y escribir. El español es el **idioma** que más se habla en México.

iguales Exactos: *Tu camisa y la mía son* **iguales.** *Las dos son del mismo color.*

ilusión Esperanza: *Tenía* **ilusión** *de ganar la competencia porque había practicado mucho.*

L

leyes Reglas escritas que la gente debe seguir. Las **leyes** de un país le dicen a la gente cómo debe comportarse.

líder La persona que dirige y anima a un grupo de gente: *En la reunión estaban el presidente del país y otros* **líderes** *importantes.*

limitar No permitir que se hagan ciertas cosas: *Los tíos siempre* **limitaban** *a Carlos y a Andrés a jugar solamente en el patio para que no ensuciaran la casa.*

Ll

llamarada Llama fuerte y repentina: *Durante el Año Nuevo las* **llamaradas** *de los fuegos artificiales se ven en el cielo.*

maletas Las **maletas** sirven para guardar ropa y otras cosas que se llevan en un viaje.

mancha Una parte sucia en la ropa, el papel o alguna otra cosa: *La salsa de tomate me ensució la camisa y ahora tengo una* **mancha** *roja.*

mandíbula Los dos huesos principales que forman parte de la boca. Las **mandíbulas** sirven para abrir y cerrar la boca, hablar y masticar.

manta Una **manta** es lo mismo que una cobija, una tela que sirve para abrigarse cuando hace frío.

mate Una bebida caliente hecha con la planta llamada **mate**: *Alguna gente en Argentina prefiere beber* **mate** *a beber café.*

modelo Una persona que posa enfrente de otra para que le hagan un retrato o una pintura: *Mi prima Leonor fue* **modelo** *para un retrato que hizo ese famoso pintor.*

nieta La hija de un hijo o una hija: *La mamá de mi mamá se llama Abuelita Carmen. Yo soy la* **nieta** *de Abuelita Carmen.*

noticia Anuncio de algo que ha pasado: *¿Has oído la* **noticia**? *¡Julieta se leyó diez libros solita!*

obra maestra Una pieza de arte de alta calidad: *La pintura que ganó el concurso es muy bella. Todos piensan que es una* **obra maestra.**

oportunidad Posibilidad de hacer algo: *No tuve la* **oportunidad** *de leer tu cuento. Espero poder leerlo mañana.*

orador Persona que se dedica a hablar en público: *Cuando sea grande, me gustaría ser un* **orador** *famoso y dar muchos discursos.*

oscuridad Hay **oscuridad** cuando no hay luz y no se ve nada: *No podía encontrar mis pantuflas en la* **oscuridad**, *así que prendí la luz.*

panzoncito Con una panza o barriga que se nota: *El oso en el zoológico está* **panzoncito** *porque come mucho.*

parpadear Mover los párpados de los ojos. Los párpados nos permiten abrir y cerrar los ojos: *Estoy* **parpadeando** *porque tengo algo dentro del ojo.*

pila Un montón:
*Logramos reunir una **pila**
de leña para el fuego.*

piñata Una figura hueca
hecha de papel y alambre
u otro material, que se
llena de dulces y otras
cosas: *Para celebrar
algunas fiestas, se cuelga
una **piñata** y la gente se
turna para reventarla.*

piñón La semilla del pino,
parecida a una almendrita
blanca.

pirámide Un edificio
enorme de lados
triangulares y base
poligonal: *Los aztecas
construyeron **pirámides**
magníficas en México.*

placas Plancha o chapa
plana y dura que sirve
para proteger: *En la
espalda el armadillo tiene
placas gruesas que lo
protegen.*

posar Pararse en una
posición sin moverse: *Si
vas a **posar** para esta foto,
¡no te muevas!*

púa Punta aguda: *El
puerco espín tiene **púas** en
todo el cuerpo, que lo
protegen.*

R

remedio Solución a un
problema: *No nos queda
otro **remedio**. Tenemos
que cruzar el río para
llegar al otro lado.*

reponerse Curarse de una
enfermedad o tristeza:
*Con el cuidado de todos, mi
hermana **se repuso** muy
rápido de su enfermedad.*

retrato Pintura o foto que representa a una persona o un animal: *Ella va a pintar un **retrato** de su mamá para el Día de las Madres.*

rumiar Masticar varias veces después de tragar. *Algunos animales como las vacas y las ovejas **rumian.***

S

sacapuntas Algo que se usa para sacarle punta a los lápices: *Usa el **sacapuntas** para que tu lápiz esté afilado y puedas escribir bien.*

seguidor El que sigue a otra persona: *Los **seguidores** de ese líder están de acuerdo con lo que él cree.*

sótano La parte de un edificio que está debajo de la tierra: *Mi papá guarda sus herramientas de carpintería en el **sótano.***

T

tabla Pedazo plano de madera que se puede usar como mesa.

tiburón Feroz pez marino. Los **tiburones** viven en los mares.

titilar Movimiento tembloroso de una luz: *Las estrellas* **titilan** *en el cielo oscuro.*

trabajadora Que trabaja mucho: *¡Qué* **trabajadora** *es Elena! Estudia mucho para aprender.*

tranquilas En calma: *No había brisa y por eso las aguas del lago estaban* **tranquilas.**

traseras De atrás. Las patas **traseras** de un animal son las que le quedan atrás, cerca de la cola o el rabo: *Las patas* **traseras** *de un canguro son más grandes que las patas delanteras.*

trastabillar Tropezarse: *El caballo* **trastabilló** *al llegar al camino de piedras.*

trazar Hacer una línea definiendo la figura de algo. Cuando se **traza** un retrato, se dibuja la forma de manera general sin poner los detalles.

troje Un tipo de despensa donde se guardan granos.

V

vacía Sin nada dentro: *Después de la mudanza la habitación quedó* **vacía.**

244

viaje Visita a un lugar que no es el hogar de uno: *Vamos a hacer un* **viaje** *para conocer otro país.*

zumbar Hacer el ruido agudo y continuo que hacen ciertos insectos: *Los mosquitos nos* **zumbaban** *en las orejas.*

Acknowledgments

For each of the selections listed below, grateful acknowledgment is made for permission to excerpt and/or reprint original or copyrighted material, as follows:

Major Selections

Bety y su ratón, written by Katya Caso and Elena Climent. Illustrated by Elena Climent. Copyright © 1986 by Editorial Trillas, S.A. de C.V. Reprinted by permission of Editorial Trillas.

Un cuento ¡puajjj! by Laura Devetach. Copyright © 1984 by Ediciones Colihue. Reprinted by permission of Ediciones Colihue.

"Dos países, dos tradiciones," from *Gente que conozco*, Houghton Mifflin Social Studies. Copyright © 1992 by Houghton Mifflin Co. Reprinted by permission of Houghton Mifflin Co.

En la época de los dinosaurios, originally published as *Dinosaur Time* by Peggy Parish. Text copyright © 1974 by Margaret Parish. Illustrations copyright © 1974 by Arnold Lobel. Reprinted by permission of HarperCollins Publishers.

Garabato by Ivar Da Coll. Copyright © 1990 by Ivar Da Coll. Reprinted by permission of Carlos Valencia Editores S.A.

Historia ilustrada de Martin Luther King, Jr., originally published as *A Picture Book of Martin Luther King, Jr.* by David A. Adler, illustrated by Robert Casilla. Copyright © 1989 by David A. Adler. Illustrations copyright © 1989 by Robert Casilla. All rights reserved. Translated and reprinted by permission of Holiday House, Inc.

El libro que hace bulla by Katherine Rawson's students Ana Alvarado, Victor Blanco, Nancy Calderon, José Conde, Angélica García, and Milton Salazar at the Marie Reed Learning Center. Reprinted by permission of the teacher and authors.

María del Sol by Carmen Tafolla. Reprinted by permission of the author.

La piña de Pepe, originally published as *Pepe's Pineapple* by Cristián Cabrera. Copyright © 1986 by Working Classroom. Reprinted by permission of Working Classroom.

"Pulín y Miga," from *Pupurupú* by Sabine R. Ulibarrí. Copyright © 1987 by Sabine R. Ulibarrí and Sainz Luiselli Editores. Reprinted by permission of the author.

¿Qué sabes de las estrellas?, originally published as *Do You Know About the Stars?* by Mae Blacker Freeman. Copyright © 1970 by Mae Blacker Freeman. Reprinted by permission of Random House, Inc.

Quique dice adiós, originally published as *Ira Says Goodbye* by Bernard Waber. Copyright © 1988 by Bernard Waber. Reprinted by permission of Curtis Brown, Ltd.

"Yo quiero ser" by Alberto Barrera. Reprinted by permission of the author.

Houghton Mifflin Co. gratefully acknowledges the resources of the Boston Public Library's Alice M. Jordan Collection and the assistance of its staff.

Credits

Cover Design   DeFrancis Studio

Design   10–71 DeFrancis Studio;   72–149 Joy Chu Design;   150–227 Sheaff Design

Introduction   (left to right) 1st row: Mary K. Thelen, Melanie Eve Barocas, Denise & Fernando;   2nd row: Ken Karp, Darius Detwiler, Wayne Anthony Still;   3rd row: Denise & Fernando, Robert Brangwynne, Melanie Eve Barocas;   4th row: Melanie Eve Barocas, Denise & Fernando, Darius Detwiler

Table of Contents   4 Fred Schrier;   6 Denise & Fernando;   8 Sam Gray

Illustration   10–13 Rafael Attias;   14–30 Elena Climent;   31 Fred Schrier;   32–52 Ivar Da Coll;   52–54 Fred Schrier;   55–67 Denise & Fernando;   68–69 Fred Schrier;   70–71 Rafael Attias;   72–75 Wayne Anthony Still;   76–100 Bernard Waber;   101 Wayne Anthony Still;   102–103 Bernard Waber;   104–109 Gerald Bustamante;   110–127 Darius Detwiler;   128–129 Mary K. Thelen;   130–147 Denise & Fernando;   148–149 Wayne Anthony Still;   150–153 Robert Brangwynne;   154–169 Fred Lynch;   172–191 Arnold Lobel;   194–219 Robert Casilla;   226–227 Robert Brangwynne;   234 Andrea Z. Tachiera;   235 (top left) Laurence J. Orner; (bottom right) Jackie Geyer;   236 Andrea Z. Tachiera;   237 Andrea Z. Tachiera;   238 (left) Julie Durrell; (right) Andrea Z. Tachiera;   239 (left) Julie Durrell; (right) Andrea Z. Tachiera;   240 (left) Julie Durrell; (right) Andrea Z. Tachiera;   241 Laurence J. Orner;   242 (left) Dorothy Donohue; (right) Laurence J. Orner;   243 (top) Julie Durrell; (bottom left) Dorothy Donohue; (bottom right) Jackie Geyer;   244 (top) Julie Durrell; (bottom) Laurence J. Orner

Additional Illustration   102 art from "The House on East 88th Street" by Bernard Waber, © 1962 by Bernard Waber. Reprinted by permission of Houghton Mifflin Company;   103 art from (top) "An Anteater Named Arthur" by Bernard Waber, © 1967 by Bernard Waber. Reprinted by permission of Houghton Mifflin Company and (bottom) "The House on East 88th Street" by Bernard Waber, © 1962 by Bernard Waber. Reprinted by permission of Houghton Mifflin Company.

Photography   31 Courtesy of Elena Climent (left);   52 Photo by Sergio Barbosa, courtesy of Ivar Da Coll;   67 Courtesy of Ediciones Colihue (top);   67 Kathy Mendola bottom);   102 Houghton Mifflin Company;   126 Jack Newsom;   147 Courtesy of Carmen Tafolla (top);   147 Mendola, Ltd. (bottom);   171 Courtesy of *Something About the Author*;   171 Courtesy of Fred Lynch (bottom);   193 Reprinted courtesy of HarperCollins Children's Books (top);   193 Van Williams (bottom);   220 F. Miller ©Time, Inc. 1963 (bottom);   221 Courtesy of David A. Adler (top);   221 Courtesy of Robert Casilla (bottom);   222 Photo by Martin Vandiver, courtesy of Regina Montoya (left);   222 Photo by Roberto Cabello, courtesy of Regina Montoya (center);   222 Courtesy of Regina Montoya;   223 AP/Wide World Photos (background);   223 Paul Fusco/Magnum Photos (top inset);   223 Wide World Photos (bottom inset);   224 Courtesy of Gilbert García;   225 NASA;   228 Michael Garland/Onyx (right);   228 Michael Garland/Onyx (left);   229 Kal Muller/Woodfin Camp and Associates (left);   231 Stephen Kennedy;   231 Michael Garland/Onyx (top right);   232 Larry Kolvoord/Viesti Associates, Inc. (top right);   232 Ken Ross/Viesti Associates, Inc. (left);   233 Michael Garland/Onyx (top right);   233 Michael Garland/Onyx (bottom);   237 Allen Russell/ProFiles West;   241 Bob Daemmrich/The Image Works;   **Assignment Photographers**   Sam Gray **150-151, 153, 226-227**. John Johnson   **106-109**. Ansen Seale   **127**.